自分を変える魔法の「口ぐせ」

夢がかなう言葉の法則

佐藤富雄　医学博士・理学博士・農学博士

かんき出版

はじめに

口ぐせひとつで人生が変わる。

そう聞いてあなたはどう感じますか。なかには半信半疑の方もいるでしょう。

しかし、これは科学的な裏付けのある事実です。

何気なく使っているいつもの言葉をちょっとだけ意識して変えていくことで、思い描く夢や望み、人生における目的を本当に実現していけるようになります。

そうした脳神経系システムが、私たちのうちに組み込まれているからなのです。

私が、この驚くべき脳内システムについてまとめたものが、「あなたが変わる『口ぐせ』の魔術」（かんき出版）という本です。二〇〇二年二月の発売以来、おかげさまで大反響を呼び、今もベストセラーとなっています。

本を読んでくださった読者の方々から、実にたくさんの声を寄せていただくこともできました。

その圧倒的なものは、長年の口ぐせを変えて人生がみるみる好転したという驚きと喜び、そして絶大な感謝の声です。

「ものの感じ方や考え方が変わった」

「性格が明るく前向きになったと人からもよくいわれる」

「毎日が楽しく、生きることが面白くてたまらない」

「人づきあいがうまくいくようになった」

「夫婦喧嘩がピタリとおさまり、家族の絆が深まった」

「思い描いていた通りの恋人にめぐり合えた」

「念願の結婚がかなった」

「仕事がトントン拍子に運ぶようになった」

「不思議なほどお金がまわってくるようになった」

「何事にも意欲的に取り組み、大きな目標を描けるようになった」

などなど、現実に、本人もびっくりするような素晴らしい出来事が次々と起こっているのがうかがえます。

これは、著者である私にとっても何よりの喜びです。

さらに多くの方々に口ぐせの効果を知ってもらい、人生をどんどん良い方向へと進めていって欲しいと意を新たにしたものです。

しかしそのいっぽうで、口ぐせの理論や原理原則についてはよくわかったが、日常生活で具体的にどう実践すれば良いのかがわからない、効果的な実践方法について、もっと詳しくアドバイスして欲しいという求めもありました。

確かにその通りで、前書は口ぐせの基本的な原理原則についてわかりやすく述べた上で、いくつかの具体例を紹介する、いわば入門書のようなものでした。

そこで本書は、前書のそういった読者からの要望にこたえ、さらに深く突っ込んだ説明や実践方法をふんだんに盛り込み、より効果がある内容のものにするべくペンをとったわけです。

口ぐせの威力とは何か。

人生をより豊かに実りあるものにしていくために、具体的にどんな口ぐせが効果的か。

どうしたら悪い口ぐせを改め、良い口ぐせを習慣化できるのか。

それらのすべての答えがここにあります。

さらにこれを決定づけるべく、巻末に【特別付録・夢をかなえる幸せのレシピ】をつけました。

ここには、本書の内容がまるでエッセンスのようにギュッと凝縮されています。ぜひ日常いつも持ち歩いて活用してください。

さあ、大きな期待とともにページをめくってみてください。章を追うごとに、口ぐせの持つものすごいパワーを十分に理解して、脳にインプットしていただけるはずです。

そして、そのパワーをあなた自身のものとし、これからの人生に上手に活用していく方法をきっと体得していただけるはずです。

本書によって、あなたの人生がますます充実したものとなり、ひとつひとつの夢や希望を現実のものとされていくことを、心から願っています。

二〇〇三年三月

佐藤富雄

自分を変える魔法の「口ぐせ」

目次

第2部 実践編 口ぐせパワー活用法

装丁　渡辺弘之
装画　染谷ユリ

第1部

理論編　口ぐせの原理

第1章

言葉ひとつで人生はガラリと変わる

無意識の習慣が行動を決定している

私たちの現在の姿は、過去の習慣の産物です。表情、話し方、姿勢、歩き方、食事や睡眠といった生活のスタイルまで、つきつめればどれも、日頃の何気ない習慣が積み重なってできたものです。

何度も繰り返し行なっているうち、いつの間にか習性として固まり、すっかり定着してしまうものもたくさんあります。いわゆる「癖」と呼ばれるものです。一度身についた癖は、その人そのものを表すような特徴となり、人格の一部ともなっていきます。

たとえば、眉間にしわを寄せる癖のある人は、気難しくて近寄りがたいという印象を与えます。実際に、深刻そうな表情をしていると、陽気な発想をするのが難しくなります。それにつられて言動も険しくなりがちで、度を超すと確実に人を遠ざけてしまいます。

私たちはみなそのことをよく知っているので、初対面の人と接する際などは特に、いつもの自分とは違う「よそゆきの自分」を演じたりします。少しでも良く思われたい、好かれたいと考えるからです。

それがそのまま続いていけば、人にこう見られたいと思う理想の姿を日常的なものとすることもできます。無意識の習慣から身についた、ちょっとした癖を意識的に改めていくことで、ついには人格をも変えていけるのです。

さて、数ある習慣のなかでも最も自覚しにくく、最も強く人生に影響を及ぼすものが、思考習慣、いわば考え方の癖です。

何事も悲観的に受けとめたり、考えたりする癖を持つ人は、たえず不安や心配を抱えながら生きています。いっぽう、物事を楽観的に受けとめ、考えていける人は、いつ見ても楽しそうで明るいものです。たとえ逆境にある時でも「何とかなるさ」と楽天的にかまえ、実際に何とか乗り切ってしまう力があります。

悲観的に受けとめるか、楽観的に受けとめるかの違いは、その後の人生をまったく逆の方向へ進めていきます。何故なら、「人間の体には、自らの夢を実現させる仕組みが本来的に備わっていて、それを上手に活用できるかどうかで人生の質が大きく左右される」という、驚くような法則がはたらくからです。

その生理的な仕組みについて、かいつまんで説明しましょう。これから述べることは、大脳生理学をはじめとする、さまざまな最新の科学により解き明かされた、まぎれもない事実だということに注目してください。

一九七〇年代、アメリカのカルフォルニア大学ロスアンゼルス校の麻酔生理学研究室で、ボランティアとして研究に参加した被験者たちに、強力な鎮痛剤としてモルヒネが投与され、親知らずを抜歯する手術が行なわれました。

無作為に選んだ半数の被験者には本物のモルヒネを、残りの半数にはまったく薬効のない偽薬が投与されています。そこで被験者たちの体内にどのような生化学反応が起こるかを解明する実験です。

その結果、偽薬を与えられたにもかかわらず、モルヒネの薬効により痛みが止まると信じた被験者の約六割の方たちに強い鎮痛効果があったのです。さらに詳しく調べてみると、その脳内には、モルヒネの百五十倍から二百倍もの麻酔効果がある物質が合成されているということがわかりました。そう信じていることを現実のものとして表現できるように、脳内ではそれに合った物質が作られていたのです。

この貴重な発見をきっかけとして、偽薬効果のある脳内ホルモン物質がいくつか発見され、脳内ホルモンのブームが巻き起こりました。そうした研究は、心が体に及ぼす影響と、その生理的な仕組みを次々に解き明かしています。

たとえば、いつも怒ったり強いストレスを感じたりしていると、ノルアドレナリンというホルモン物質の毒性により、病気を招いたり、老化を早める結果となることがわかっています。反対に、いつも笑いながら楽しく過ごしていると、ベータエンドルフィンをはじめとする快楽ホルモンが盛んに分泌され、その薬理作用によって免疫力がアップし、心身ともに壮快に生きていくことが可能になります。

心と体は不可分の関係にあり、相互作用があるという科学的な見解です。

人生において何か重大なことを選択したり、決断する際も、どのような意識で臨むかによって先々の結果が大きく違ってきます。

肯定的な意識でなされたものなら、意識内容と同じように肯定的な展開をみせます。少し嫌だなと思うことがあっても、前向きに受けとめられれば、良い方向へ変えていくことができます。幸せになろうと本気で思い続けていると、願った通りの幸せを手に入れることができます。

何故そういうことが起きるかというと、それが脳という仕組みのミステリアスな点なのですが、大脳が思い描いた想像イメージと自律神経系の連動により、現実を動かしていくことができるからです。

良い考えを選択して脳にインプットすることの重要性は、まさにここにあります。考え方が変わると人生のすべてが変わる、というのは本当のことです。

言葉が考えをつくり、人生までも支配する

物事の受けとめ方や考え方の癖、つまり思考習慣は、あなたの行動を決定していきます。意識や思考の内容がダイレクトに体に影響を及ぼし、あなたが考えた通りの現実を招きます。

しかし、実はその前にもうひとつ、何よりも重視すべき習慣があります。意識や思考を司り、それらと表裏一体をなす言語の習慣、いわば「口ぐせ」の影響力です。

たとえば、次のような例は実際によくあることです。

「ああ疲れた」

「運がない」

「いつか恋人に裏切られる」

そんな風に悲観的なことばかり口にしたり、思い描いていると、次第に心が病んできます。実際に病気にならずとも、ストレスが表情に出てきます。いっぽう、明るく未来の夢や希望を語っていると、その望みが実現する確率は限りなく高まります。

「今日も一日良く頑張った」

「楽しいこと、嬉しいことがたくさんあった」

「恋も仕事も順調だ」

と、いつも肯定的な言葉で脳に栄養を与えてみてください。たとえ、それが現実と食い違っていたとしても問題はありません。とりたてて何かいい出来事があったわけでなくても、「楽しかった、嬉しかった」と言葉にするだけで、それを読み取った自律神経系がいきいきとはたらき、心身ともに快調にしてくれます。

「今日一日、ベストを尽くして仕事をし、恋をし、充実していた」と自分につぶやき、一日を目いっぱいに生きたと満足しながら眠りにつく。これを積み重ねていくと、あなたを取り巻く状況はみるみる好転し、出会いたいと望んでいた通りの人物に出会えたり、ぜひやってみたいと願っていた仕事やチャンスに恵まれるようになります。

意識的に肯定的な言葉を選び、良い口ぐせを習慣化することで、こうありたいと望む自分の姿が現実のものとなっていくのです。

言語習慣こそが、思考習慣を形づくる源です。

「嬉しい」あるいは「悲しい」と思うのも、脳内に記憶されている「嬉しい」「悲しい」という言葉の意味に基づいています。「今日の仕事はここまでにして、残りは明日にしよう」と考え、その通りに行動できるのも、脳のなかでその言葉を組み立てたからです。私たちは、知らない言葉で考えたり、行動プログラムを組み立てることはできません。

古来「病は気から」といわれますが、それは医学的にみても正しいことです。しかし、その良い気分や悪い気分を決定づけるものとして、まず言葉の存在があります。ですから、ここはむしろ、「健康も長寿も口ぐせから」と言うべきです。幸福も不幸も、あなたの言葉の使い方次第で決まります。

このように、言葉に対する正しい認識を持つか持たないかで、人生は大きく変わっていきます。その認識は、重要な物事について考えたり、態度を決めようとする際に役立つ磁石のような存在ともなってくれます。

さらに、「言葉が考えをつくり、ひいては人生を支配する」という法則の原理を理解し、日常に応用していくと、人生は楽しくてたまらないものになります。それが上達すればするほど、夢や希望をかなえるスピードが驚くほどアップしていきます。

自律神経系は現実と想像の区別がつかない

人間が生きているということは、たえず体内で「生化学反応」が起きているということです。最も簡単な例で説明してみましょう。

ものを食べると、食べた量に応じて胃酸や酵素が分泌され、分解・吸収や再合成が行なわれます。食べたものに含まれている炭素と、呼吸の際に取り込んだ酸素とが燃焼という化学反応を起こし、生命活動に必要なエネルギーをつくるのです。たとえ食べた本人が何を食べたか忘れていても、体のほうはきちんと処理してくれます。

このような体内生化学反応は、一秒間に数千万回行なわれているといわれていますが、実態は、数億回起きていると考えられます。そうした化学反応の調整機能を司っているのが自律神経系で、その中枢は脳の大脳辺縁系というところにあります。「原始的な古い脳」とも、「動物脳」とも呼ばれるところです。

脳のいちばん外側にあるのが、大脳新皮質です。これは、生物のなかで唯一人間だけが持ち、発達させた「新しい脳」で、思考・判断・記憶などを司っています。

新旧ふたつの脳を結びつけるのは、新しい脳による想像の力です。

新しい脳が抱いた想像イメージは、古い脳である自律神経系にはたらきかけ、体内の生化学反応系に影響を及ぼします。つまり、人間は誰しも、たとえ想像上のことであっても、現実のことと同じように体が反応してしまうのです。

身近な例でいうなら、実際に梅干しを食べたわけでもないのに、梅干しを見たり想像したりするだけで、盛んに唾液や胃酸が分泌されます。これは、意識が引き金となって引き起こされる体内生化学反応のひとつで、想像上の内容が物質化されて、実際に体に作用するためです。

心配事があると顔色がすぐれないという現象も、みなさんご存じの通りです。不安な意識が誘因となって脳内にアドレナリンというホルモン物質がつくられて、毛細血管を縮小させ、血液の多くを筋肉系に運んでいくために起こる化学反応の結果です。

それが三年先や五年先という未来の先取りであっても、心配した時点で、今まさに現実の出来事のように、体は反応してしまいます。過去のことでも、頭のなかでそれを再現すると、今それを体験しているかのような反応を体の随所に引き起こします。

素敵な初恋の思い出、楽しかったデートのこと、ロマンチックなささやきなどを回想していると、誰でも胸がときめくものです。こういう時は、血行が良くなり皮膚温度も上昇します。さらに、ベータエンドルフィンなどの快楽ホルモンが分泌されるに伴い、気分はますますうっとりとしてきて、肌にいきいきとしたハリやツヤが出てきます。

どうです、ちょっとしたミラクルだと思いませんか。

想像力と自律神経系のはたらきのおかげで、時間も空間もひとっ飛び。過去・現在・未来のいずれであっても、心のあるところがあなたのいる場所となるのです。美容や健康に細胞レベルではたらきかけるホルモン物質を、自在につくり出すこともできてしまいます。

また、「ほめ言葉の御利益」というものもあります。きれいだとほめられた人ではなく、ほめた人のほうが美しくきれいになるという摩訶不思議な現象です。

自律神経系は、人称の区別がつきません。主語を解さず、すべて言葉を発した当事者のこととして読み取ります。ですから、自分を美人だとほめ、まわりにいる人をほめまくっていると、ほめ言葉の影響により自分自身がどんどん美人になっていけるのです。

人間と言葉との関係は、実にシンプルな原理に則っています。それは、私たちの現在の姿は過去の口ぐせの産物であり、未来もまた、現在の口ぐせによって導かれる当然の結果であるという、とても明快なものです。

言葉の力が脳を刺激する

自分にとって良い言葉をたくさん使うと、言葉それ自体の意味や影響力によって脳が刺激され、活性化します。想像力がますます広がっていき、気持ちもどんどん盛り上がってきます。

たとえば、「もう年だから」ではなく「まだ何々歳だ」と表現すると、「これからやりたいことがたくさんある」という思いを自然に言えるようになります。すると、それまではちょっとした欲求に過ぎなかった夢や望みが、強い願望へと変化していくのがわかります。

私のセミナーに参加していたある女性が、こんな体験談を披露してくれました。

仮にAさん（五十代）としておきましょう。彼女は、若い頃の憧れだったヨーロッパへの旅が、夢物語ではなく、具体的でリアリティのあるプランとして浮上してきたといいます。

そうすると、それまでは見過ごしていたような雑誌やテレビ番組にも目がいくようになり、憧れのパリやロンドンの美しい写真を眺めて「ああ、いいなあ」、旅の情緒あふれる映像を眺めて「やっぱり素敵」と、いよいよ思いが募っていきました。

旅先の風景を思い描いたり、そこで出会う人々や楽しい出来事、おいしい食事やワインなどについての想像もふくらんでいきます。そのことを考えるだけでウキウキと楽しくなり、旅に出る前から胸がときめきます。

「できれば行ってみたい」が「ぜひ行きたい」に変わり、やがては「行ってみよう、きっと行ける」「近い将来、必ずヨーロッパに行く」というのが口ぐせになりました。

そうなると脳はフル回転し、夢を実現させる仕組みが驚くほどの威力を発揮しはじめます。明確な目的・目標のメッセージが脳に伝えられ、スイッチがONになったからです。

はたして二年後、Aさんは本当にヨーロッパへの旅を実現しました。ちょっと欲張って、イギリス、フランス、ドイツ、イタリア、スペインと五カ国をめぐり、おおいに食べて飲み、たくさんの風景や人々に触れ、すっかり堪能して日本へ戻ってきました。

再びセミナーに現れたAさんは、確実に五歳は若返って見えました。かつては弱々しい声で話していたのが嘘のように、今ではとても堂々として自信に満ちています。

「お金がないから、時間がないからと言い訳をしているうちは、はじめからやる気などないんです。あれこれ言い訳を考えるくらいなら、何も考えないほうがうまくいく」と、Aさんは言いました。

まさにその通り。常に肯定的で楽天的な言葉を発していると、脳は「大丈夫なのだ」と理解し、「うまくいく方法」を次々と見つけ出してきます。

しかし、一方で脳のコンピュータは否定的な言葉ももれなく読み取りますから、たとえ軽い気持ちでも、「やはり無理かもしれない」「間違った選択をしてしまった」などと、迷いや後悔の言葉を口にしないことです。

そうなると脳は、「無理なのか」「間違いだったのか」と本気で受けとめ、元の地点に舞い戻ってしまう結果となります。

将来における計画を立てたなら、必ずそこへ連れていってもらえると信じ、安心して歩を進めてください。

「旅に役立つ情報が次々と舞い込んでくる」

「まるで、おいでおいでと誘われているみたい」

「どうしてこんなにスイスイ事が運ぶのかしら」

と素直に喜び、その嬉しい思いを口に出して言ってください。自分自身に語りかけるのはもちろん、まわりの人にもどんどん話すことをお勧めします。脳はしっかりとその言葉をキャッチして、ますます良いはたらきをしてくれること間違いありません。

言葉には、自力で未来を切り開いていくような、ものすごい力が宿っています。その威力を知り、上手に活用するための方法を実践していくと、未来はどんどん開けていきます。

第2章

言葉は人類最強の武器

人類進化のカギは言葉にあった

人類の起源は約五百万年前にアフリカで、チンパンジーとの共通祖先から枝分かれして、ヒトへの歩みをはじめたことにあります。最も古い化石は、アフリカの大地溝帯から発見されています。

さらに進化が進み、直立二足歩行をするようになると、喉の周辺や声帯に大きな変化をもたらしました。微妙な発音が可能になり、初期言語と呼べるものが誕生します。続いて、ごく原始的なものながら道具を使用するようになり、それが手指を器用に動かす訓練ともなり、脳の発達をめざましく促進しました。

人間の体の筋肉は、全身に張りめぐらされた運動神経系を介して大脳に直結しています。脳は大脳だけでなく、体の至るところにリトルブレイン（小さな脳）として存在しているのです。したがって、運動し、筋肉を使うことは、脳を使うことと同じです。

人間の赤ちゃんは、やがて寝返りやハイハイを覚え、二本足で立ち上がり、歩き出します。まるで人類がたどった進化の過程にそっくりの成長段階をふんでいきます。

こうした体の運動により、リトルブレインである筋肉の神経が脳を刺激し、ますます大脳が発達していきます。よくいわれるように、子どもにとって遊びが重要な意味を持つのは、手足や全身を思い切り使うことにより、脳と体の成長が一段と促進されるからです。

さて、人類の脳の発達と増大が継続していったのは、主に次の三大要素によってでした。

第一、二足歩行。
第二、道具の使用と製作。
第三、狩猟による動物性タンパク質の摂取。

その複合的な進展には、言語能力の発達が深く関与しています。

人類が直立二足歩行によって獲得した初期言語は、まず、音声によるコミュニケーションの発見をもたらしました。威嚇、呼び合い、合図などのほか、次第にもっと複雑なやりとりさえ可能にしていきます。

やがて単語が誕生し、ある特定の内容を指し示すものとしてお互いに共有されるに至ると、言語コミュニケーションと呼べるものがスタートします。感情や欲望を知らせたり、考えていることを伝えたりと、言語による情報のやりとりはさらに複雑化していきます。そして、気の遠くなるほどの長い年月をかけて、今日の高度な言語体系へと進化発展を遂げたのです。

狩猟採集時代の人類がどれほどの言語体系を持っていたか、定かではありません。しかし、食糧を得るために男たちが集団で狩りを行ない、その不足分を補うために女たちが植物や木の実を集めるなど、ある一定のルールなくしては成り立たない、集落というものを形成していたことがわかっています。集団での狩猟にあたっては、

「どこに獲物がいるか」

「どうすれば仕留められるか」

「危険を回避するためにはどうしたらよいか」

など、さまざまな情報の交換が求められたはずです。

こうして成し遂げた狩猟技術の高度化、そして、道具の使用と製作技術の高度化は、言語能力の発達ぬきにはあり得ませんでした。技術（テクノロジー）と言語が相互に作用しながら相乗効果を生み出すという好循環が、人類の進歩と発展にとって不可欠だったのです。

言葉は、人類進化の鍵を握るものでした。そしてこれからも、幸せへの扉を開く最も重要な鍵なのです。

「発現遺伝子」をONにする

現在地球上には、六十億人以上もの人々が生きています。人種によっては言語が違い、見た目も異なります。それぞれの人種の特徴があったり、両親から受け継いだ遺伝形質など、さまざまな個体差も見られます。

けれど、誰もが等しくヒト遺伝子を持っています。私たちの体の仕組みが人類共通である理由は、遺伝子ＤＮＡの構造や遺伝情報の伝達の機構がすべて共通しているからです。

ヒトの場合は、ある個体の脳が発達して高い知能を獲得すると、その遺伝情報を受け継いだ次世代の個体の脳は、記憶領域などをさらに増幅させて誕生します。これこそ「発現遺伝子」ともいうべき遺伝子のはたらきによるもので、他の動物にはみられない、人類だけの特徴です。

たとえば、誰もが生まれながらに得意なことを何かしら持っているものです。先祖の誰かが獲得した高い能力が発現遺伝子を介して受け継がれ、その人の世代で現れたのです。

発現遺伝子のスイッチがONになるか、ならないかで、潜在的な能力や才能が現実に開花するかどうかが決まってきます。その引き金となるのは意識です。そして、その意識をつくり、意識に最も強く影響を与えるものが言葉です。

もう、おわかりでしょう。

あなたの言葉の使い方次第で、潜在的に秘められているすぐれた能力をはじめ、健康や長寿に至るまで、ありとあらゆる望ましい資質を引き出すことが可能です。

「私は健康だし、能力も全開だ」とおっしゃる方には、もっと欲ばることをお勧めします。何故なら、人間の遺伝子DNAに組み込まれている遺伝情報は、私たちの想像をはるかに超える膨大な量だからです。潜在的な能力に限りはなく、その可能性は人間一代ではとても発現しきれぬほど無尽蔵です。

六十兆細胞に仕組まれた「生きのびる目的」

さて、ここでちょっと、進化とは何かについて考えてみましょう。

進化とは、ひとことでいうなら「環境に適応する遺伝子を獲得すること」です。適応できない生物はそこで進化をとめ、あるいは淘汰されて消えていきます。

つまり、環境に適応しながら生きていくための神経システム系を獲得した生物だけが生命を守ることができ、その遺伝情報を次世代へつないでいけるのです。

人類の進化は、ただ環境に適応するだけではなく、適応しながら快適に生きていけるベストな状態を選択し続けるというものでした。

たとえば、狩猟採集という労働によって活動量が増え、体温が上がると、それまで全身を覆っていた体毛が次第に薄くなっていきました。その毛穴が汗腺に変わっていき、発汗して体温を下げるという仕組みができあがりました。

それが、体の調子を快適に保つための装置、自律神経系システムです。

自律神経系システムはたとえば、睡眠が必要になるとメラトニンという眠くなる物質を脳内につくり、また、体が熱量を必要とすると「お腹がすいた」「何か食べたい」

という欲求を感じさせます。

睡眠欲、食欲、性欲はとても似たところがあります。誰しもが抱く根源的な欲求であり、それが衰えると生命活動の衰えを感じさせます。いったん欲求が満たされると、それ以上は体が受けつけなくなる点もよく似ています。

そうした根源的な欲求は、脳中枢の神経系によってコントロールされています。欲望が満たされると、ギャバというホルモンがつくられ、ブレーキをかけます。どんなに快適でも、欲望の充足にのみ邁進してしまっては生命が危険にさらされてしまうからです。

しかし、人間の性というものは、なかなか複雑です。

人間は哺乳類のなかで唯一、発情期が欠落した生物です。そのかわり、精神世界に性を持ち込み、愛情、好み、快楽の追求といった、生殖行為とは別の営みを可能にしました。

自慰行為も、人間だけにみられる特徴です。サルに自慰を教えることは可能ですが、それは条件反射としての行為であって、想像力を伴うものではありません。

私たち人間は、現実に目の前に性行為の対象者がいなくとも、想像力によって実際の性行為に相当する行為を行なうことができます。この想像力を持っているかいないかは、人間と他の動物との決定的な違いのひとつです。

こうした幸福感や快感を伴う化学反応系は実に複雑で、胃酸や消化液の分泌とは比較にならないほど高度な反応系です。その仕組みは、科学的に解明されていない部分もかなりあります。

しかし、それほど複雑で高度なものでありながら、ちょっとした意識の変化や想像力が引き金になって起こるというのも、実に大変な驚きです。

いかがです。進化についての考察は、実にたくさんのことを気づかせてくれると思いませんか。そしてまた、遺伝子がいかに力強いものであるか、生きるということは何を意味するのかについての、奥深いメッセージを読み解くこともできます。

その大いなるメッセージとは、遺伝子の究極の目的は、環境の変化に適応して快適に生き、ベストな状態で生きのびることだ、というものです。つまり、たとえどのような環境にあっても生きのびるために、私たちは生まれてきたということなのです。

体を構成する約六十兆の細胞にも、「生きる・生きのびる」という目的がくっきりと刻まれています。人間がより良く生きるためには、意識を持つ個体としてだけでなく、細胞の喜ぶこともする必要があります。脳だけでなく、六十兆細胞をも「快」に導いていくということが大切なのです。

「勝ち組遺伝子」と「偉大なる楽天家」

脳と細胞を「快」に導く方法とは、ズバリ、「楽天思考」に尽きます。楽天家になるためのいちばんの方法は、日常の言葉をすべて否定語から肯定語に変換することです。

人に何かをしてもらったら、「すみません」と言うかわりに「ありがとう」。「疲れた」と言うより「今日もよく頑張った」。「運がない」と嘆くのではなく「いい勉強になった、これから必ず運が良くなる」。

つい口をついて出てくるいつもの口ぐせを、意識して否定語から肯定語に変えていくのです。

悲観的な言い回しも極力避け、常に楽観的な方向へと持っていきます。「何、何とかなるさ」「きっとやってみせる」「私ならできる」「さあ、頑張ろう」と、あくまでも明るい未来に希望を託してください。

すると、「好ましいことなら起こる」「困ることなら起こらない」という、楽天的で安定した心の状態が得られます。そして、人生で起こることをすべて、自分にとって良い出来事だから起きたのだと受け入れる余裕が出てきます。

楽天思考で生きていると、ベータエンドルフィンという快楽ホルモンがどんどん分泌されます。それが脳を活性化し、自律神経系を介して全身の細胞をいきいきと活性化していきます。

ためしに、あなたが世界でいちばん好きな人の名前を声に出して呼んでみてくださ い。それが心に響くまで、何度でも繰り返してください。そして、その人物がやさしく愛情をこめて、あなたの名前を呼ぶところを強くイメージしてみてください。とたんに体が軽くなったような気がしませんか。脳も細胞もともに喜ぶようなことを、あなたが実行したからです。

人間の体はもともと、快適に生きるようにつくられています。不快であればストレスをつくり出し、快であればストレスなど生じさせません。個体としての人間も、細胞も、快適に生きることが何よりの目的なのです。

人類は、快適でベストな状態を自らつくり出せる生物だったからこそ、長い淘汰と進化の歴史を生き残ることが可能でした。楽天思考によって脳および細胞が活性化し、「快」の状態をつくることができるという情報が、遺伝子レベルで刻み込まれています。人間は本来、誰もが楽天家たる素質を持って誕生するということです。

他の動物が楽天的なら、人間は「偉大なる楽天家」です。同時に、生物界最強の「勝ち組」です。生命システムのコントロールタワーともいうべき自律神経系は、まるで勝利するためのマシーンのように、体の随所を的確にコントロールしています。

さらに、他のどんな生物よりもすぐれた大脳を持ち、複雑な思考を可能にする脳神経回路と、その増殖の仕方を決定する発現遺伝子も備わっているのです。

進化というプロセスにおいて、生き残るという以上の勝利はありません。そして今、生をうけているということは、我々はみな勝利し続けるために生まれてきたということです。

最後の氷河期を生きぬいた人類祖先にはじまる、生物界最強の「勝ち組遺伝情報」が、人類の歴史に脈々と受け継がれています。私たちの誰もが「勝ち組遺伝子」を持って生きているということです。

人間は、この事実にもっと多くの敬意をはらうべきでしょう。そして、自らの稀少価値をさらに強く認識するべきです。

脳細胞の増殖や記憶領域を増幅させて次世代に伝える発現遺伝子と、とてつもない能力と無限の可能性がインプットされた「勝ち組遺伝子」、そのスイッチをＯＮにして、可能性の限界まで生きていこうではありませんか。

第3章

自己像を変えると未来も変わる

「自分はこんな人間」という思い込み

性格は人それぞれです。のんびりとしている人もいれば、短気でせっかちな人もいます。明るい、やさしい、芯が強い、真面目、凝り性など、あなたは自分を表す言葉がいくつ見つかりましたか。

誰でも「自分が思う自分の姿」と「他者から見た自分の姿」に、多少の食い違いがあると考えるものです。あなたもきっと、そのズレを考慮しながら、「自分はこういう人間」という自己像にたどりついたはずです。

では、それは真実の姿でしょうか。そこにどれほど根拠があるでしょうか。

結論からいうと、すべてはあなたの「思い込み」です。自分は「明るい性格」、あるいは人にもそう思われていると単に思い込んでいるだけで、確たる根拠に乏しいものです。

今まで生きてきた過程において遭遇したさまざまなことや、その時に自分が口にした言葉や行動、あるいは家庭環境や自分を取り巻く人々の影響などによって、「偶然に」形づくられた思い込みがあなたの自己像を決定しています。

他者があなたをどう解釈し、どう評価するかについても同様です。動かしがたい事実などほとんどなく、その人物が勝手にそう思い込んでいるだけのことのほうが多いはずです。

しかし、どのような自己像であれ、それを形成したことの最終的な責任は本人にあります。自分が自分をどう受けとめ、どう解釈するかは、あなただけの問題です。他者によるあなたへの解釈や評価も、それをどう意味づけるかは、あなた次第です。

そして、ここが肝心なところですが、一度できあがった自己像も変えられるのです。意識的に思い描く望ましい自己像が、これまでの自己像よりさらに強烈なものであればあるほど、驚くほどすんなりと、新しい自己像が過去の自己像に代わります。

自分の姿について考えること、思い込むことは、そう難しいことではありません。不必要な劣等意識など捨て去り、「好きな自分」のイメージをできるだけたくさん持つように心がけてみてください。「なりたい自分」「こうありたいと思う自分」を、積極的にイメージするのです。

他の人と比べる必要などありません。あくまでも自分が思い込むことが大切です。それを言葉にして自分自身に語りかけます。

「私は明るい性格で、人と会って話をするのが好きだ」

「いつも一所懸命に仕事をする、お金にも縁がある」

「何より家族を大切に思い、みんなにも愛されている」

また、周囲の人々にも聞いてもらいます。その場合は、状況に応じて言葉を選ぶと話しやすいでしょう。

「こう見えて実は、とても社交的なんですよ」

「ぜひ一度、私の仕事ぶりを見てください。きっと信頼していただけると思います」

あなたがそれを言った瞬間から、それまで存在しなかったもうひとりの自分が誕生します。強く思い描き、言葉で表現した自分の姿が自律神経系によって本当のこととして受けとめられ、体に直接影響を及ぼし、言葉通りの状況をつくり出すからです。

自己像は必ず人生を左右します。私たちの現在の姿は、過去に思い描き言葉にしてきた自己像の所産です。未来の姿も現在の考えや言葉によって決められていきます。

能力、容姿、金銭なども、その人が考えた通りのレベルにしか到達しないものです。それを超えていきたいと望むなら、さらに大きな望みを抱き、よりすばらしい自己像を思い描くことです。最初は途方もない考えに思われるような望みも、時の経過とともに、やがて心にも体にもしっくりと馴染んできます。これが、新しい自己像の確立です。

なりたい自分になるための法則がある

髪形や服装を変えただけで気分が変わるのは、男女問わず誰もが経験することです。ことに女性は、スキンケアやメイクアップをはじめ、全身のおしゃれによって、気分だけでなく自分のイメージが大きく変わることをよく知っています。

また、はたから見ていると、どうしてそれほどまでに気になるのだろうかというほど、体重を気にしたり、ダイエットに関心を寄せる女性もたくさんいます。

こうありたいと思う自分をイメージする際、顔やスタイルといった容姿は、非常に大きなウェイトを占めます。自己像のなかでも容姿に関するイメージは、特に女性の場合、一生を左右するほど重要です。容姿は、女性にとって最大の自信のもとになるからです。

自分の容姿を好きになれずにいると、どこにいても、何をしていても、居心地の悪さを感じてしまいます。自分で自分を愛せないため、人からも愛されているという満足感を抱くことが難しいのです。

容姿に対する良いイメージが最大の自信のもととなる、とはそのことです。それだけに、「私は魅力的ないい女である」と思い込むことは大きな意味を持っています。

「魅力的ないい女」というのは、いわゆる美人顔か、そうでないか、ということとはまったく関係がありません。心の内側から輝くものがあるかどうかの問題なのです。

というと、「心の内側は目に見えない。もっとはっきりと人にアピールできるものが欲しい」と、考える人もいるでしょう。

しかし、人が感知する能力は、あなたの思っている以上に、心の内側を見ぬくものです。「あの人といるととても楽しい」「一緒にいると安心できる」、そんな人に私たちは思わず近づいていきたくなるものです。内側からの輝きが、あなたの笑顔、胸を張った姿勢、自信のある動作、落ち着いた話し方などにも自ずと表れてくるからです。

だからといって、無理に笑顔をつくったり、姿勢を正したりしても、それだけであなたが輝いてくるものではありません。女性の美しさや魅力を感じる場面は実にさまざまで、本人も意識していないような、ふとした瞬間に如実に表れます。不自然な方法でなく、自然に、内側から輝くことが理想です。

心理学に、心理力学という分野があります。その研究によると、人間の心理にいちばん影響を与えるものは、人と人との距離です。人間というものは、自分にいちばん近くにいる人から最も強く心理的な影響を受けるのです。

そこでお勧めしたいのは、毎日時間をかけて鏡のなかの自分と向き合うことです。鏡を見続けることによって、自分の顔がますます好きになってきます。すると、表情にも変化が起こり、どんどんいい顔になっていきます。

あなたの魅力の最大の理解者は、あなた自身です。本来持っている魅力をあまさず発見し、他者にもわかってもらうためには、まず自分自身と仲良くすることです。好きなところも、少しだけ気に入らないところも、すべて丸ごと肯定してごらんなさい。そして、

「私は何てチャーミングないい顔をしているんだろう。きっと、誰からも好かれる」

と、口に出して言ってごらんなさい。半年から一年後には、必ずそのようになっているはずです。

劣等意識というものは、「少しだけ不満、少しだけ不幸」の感覚が、別の形で表れたものです。ですから、生まれつき美貌に恵まれた女性であっても、何かしらコンプレックスを持っています。いや、美人と評判の女性ほど、多くの不満やコンプレックスに悩まされているものです。

輝きへの第一歩は、他人の評価ばかり気にせず、自分を信じることからスタートします。「自分を信じる」ということは、「自分の信念を持つ」ことです。そしてそれが

可能になった時、はじめて他人を信頼する勇気が生まれてきます。

また、ワクワクするような楽しいことに夢中になっていると、脳はベータエンドルフィンやエンケファーリンという快楽ホルモンを分泌し、あなたを内側から輝かせます。

その顕著な例は、恋愛です。実際の交際にまで発展しなくとも、異性に対してときめくだけでも、実に大きな良い影響を体に与えます。

私はよく、「風邪をひくのは恋していない証拠。恋をしていると唾液も違う。免疫力を高めるホルモンが多く含まれていて、流感ぐらいでは負けない」という話をします。快楽ホルモンは、副作用のまったくない、天然の特効薬なのです。

この効果を応用していくと、自分のことを〝若い〟と思っている人は、実際に若々しく健康でいることができます。これも痛み止めの偽薬と同じで、本当に〝若い〟と信じている人の体のなかには、若さをつくり出すベータエンドルフィンのような多くの快楽ホルモンが分泌されるからです。「私はきれい」「私は若々しい」という自己像を持つ人は、単なる思い込みだけでなく、実際に美しさや若さを保つ体内生化学物質が分泌されて、体のなかからそれを表現していけるということなのです。

自尊心という最高の宝を磨く

一度できあがった自己像も、さらに強烈なものに変えていけるという話をしました。それは一度きりでなく、何度でも更新していくことが可能です。

なりたい自分、かなえたい夢や望み、手に入れたいものなどは、時間の経過とともに変化していって当然です。

自己像とは未来の自分へのかけ橋で、いわば人生の設計図のようなものです。あなたの人生の深まりとともに、設計図も新しく描きかえていく必要があります。

私の知人のお嬢さんは、二十代最後の年にマンションを購入し、それまで払っていた家賃と同額程度の返済計画で銀行から融資を受けました。普通なら、長いローン返済のために生活を質素にし、ひたすら仕事に精出すところです。

ところが、彼女の場合は違っていました。

新居に暮らしはじめてわずか三年で退職、アメリカへ語学留学という行動に出て、周囲をアッと驚かせたのです。

「月々の返済は貯金でまかなえる。そのために三年間頑張って仕事してきたんです。

日本を留守にしている間も、着々とローンが減っていくと思うと張り合いがある」

彼女はそう言っていました。アメリカでは語学学校が設けている宿舎で生活をし、学費を含むすべての支払いは、日本での生活にかかる費用より安くつくのだそうです。

「ここで一年間みっちり勉強して、語学力を活かせる仕事につくつもり」

帰国後、彼女はその言葉の通りの再就職をはたしました。心地よく整えられたマイホームも、変わらぬ姿で主の帰還を迎えます。やがて、確実に収入アップを図ることにも成功し、ローン完済までの期間は大幅に短縮できたそうです。

このように、どこまでも可能な限り自己を高めていきたいという向上心がある人は、それまでの古い自分にこだわらず、柔軟な解釈で新たな意味づけをしていくことが上手です。新しい自己像の確立により、さらに望ましい人生へと方向転換が図れると知っているからです。

また、真の意味での向上心を持つ人は、自尊心を強く抱いているものです。

自尊心が強いと聞くと「自分で自分を偉いと思い込み、プライドばかり強くて傲慢な人」ととられがちですが、そうではありません。ここでいう自尊心とは、自分の人格を尊重し、品位を保つという意味です。

自尊心のある人は、品位ある言葉の使い方を知っています。

「我々貧乏人は」

「しょせんサラリーマンだから」

「どうせ中小企業の係長どまり」

というような、自分で自分を貶めるような言葉を上手に避けて、

「今は経済的に未熟だが、これから豊かになっていく」

「技術という才能を買われて現在の会社にいる」

「社内でのポジションは、実力や人望だけでなく運によっても決まる。運をつかむのも才覚のうちだ」

と、将来の可能性を感じさせる言葉によって明るい会話ができます。

どんな現実があろうとも、事実そのものは私たちの自律神経系に直接の作用を及ぼしません。その人が頭のなかでどのような自己像を形成し、どのような仕事観や金銭観を抱き、どのような言葉を使っていくかによって、現実の仕事や金銭のあり方が変わってくるのです。

肯定的な言葉で前向きな人生論を語れる男性は、将来有望な人材であるとして、直接の上司ならずとも目をとめるはずです。そして、「あいつと話していると元気になれる」と、自然と人が集まってくるようになります。まさに、良い口ぐせの効用です。

自尊心とは本来、心から人を尊敬できる人のみが知る、自己への慈しみの念です。自己満足とは正反対の、自分が未完であることを認める認識です。

自尊心があるからこそ、自分自身や人生を大事にしていきたいという向上心もわきます。自尊心がなければ、学びもいらないし、成長もどうでもよい、つまりほったらかしで良いのです。

自尊心は、私たち人間がより良く生きていくための最高の宝です。これをますます磨いていくには、自分に対してだけでなく他者に対しても、その人格を尊重し、品位ある言葉を選んで使っていくことが大切です。

まさに「言葉は心の使い」です。

言葉は人の心を表現する使いのようなもので、表現された言葉を聞けば、志の高い人か卑しい人かがわかります。ジェントルマンたらんと志す私は、常にこれを念頭において人に話しかけています。

「制限遺伝子」の壁を超えよう

人類五百万年の進化の歴史がもたらした、限りなく貴重な財産を思い出してみてください。誰もが持っている「勝ち組遺伝子」と「発現遺伝子」は、私たちが無限の可能性を秘めた存在であることを示唆しています。

にもかかわらず、せっかくの財産を生かし切れずに終わってしまう場合も実に多いのです。それは、自らの成長を阻もうとする思い込み、すなわち「制限遺伝子」のしわざです。

勝ち組遺伝子にインプットされた無限大の成長をサポートしようとする発現遺伝子に対し、制限遺伝子は常に「待った」をかけます。たとえば、

「私は体が弱いから、平均寿命まで生きられないだろう」

「学歴がないから、昇進はとても望めない」

「美人じゃないから、いい結婚相手に恵まれない」

あれも無理、これも無理といった具合にです。こうして制限遺伝子がのさばると、嫌でも「負けぐせ」がついてしまいます。

本来、人間は誰しも、極上の自己像とともに極上の人生を歩むことが可能であるはずです。ところが、良くない考えや言葉の選択によって、次第に自己像を下降させてしまうのです。これでは極上の人生を歩むどころか、まさに宝の持ち腐れといった人生を送る以外になくなります。

こうした「負けぐせ」をやっつけ、「勝ちぐせ」を身につけるとっておきの方法をお教えしましょう。

私も日頃より実践していることですが、「快」に基づく言語習慣で制限遺伝子のスイッチをＯＦＦにしてしまうのです。心も体も「快」になる言葉をどんどん使い、その力で制限遺伝子の壁を乗り越えてしまうのです。

こうした言語習慣が功を奏して、今年七十一歳になる私は「年齢を重ねることで失ったものは何もない」と確信しています。体力気力ともに充実していて、「どうしてそんなに若々しく元気でいられるのですか」と聞かれることもしばしばです。

楽天家であることも大きな秘訣です。過去のことは、自分にとってすばらしかった経験しか思い出さない。未来についても、希望に満ちた楽しいことしか想像しない。そして、山ほどある夢や希望、これからやってみたいことについて、どんどん人に話すのです。

私はもう三十年以上も、毎朝数キロ程度のジョギングを続けていますが、それもまた、さらなる「快」を生み出しています。

はじめは五百メートル走るのも精一杯でしたが、次第にその距離が延びるとともに体調の変化がみられ、二年もすると、十キロメートルくらいは軽く走れるようになりました。十年が過ぎた頃の私の口ぐせは、

「ジョギングをはじめた頃より、今は心身ともに十年は若返った！」

というものでした。その時の私は五十歳、それが三十歳に若返ったと宣言していたのです。これこそ制限遺伝子のはたらきを封じ込める、「快」の言葉そのものです。

そして、週末はヨットです。私の人生はヨットぬきには語れないほどのヨット好きで、現在所有しているのは四艇目になります。将来八十歳現役で乗るべく特別注文したオーダーメイドのヨットで、若いクルーたちとともにクルージングを楽しんでいます。

このように私の健康や体力について自己紹介すると、たいていの人は「遺伝子が違うんだ」などとおっしゃいます。

しかし、そうではないのです。私は特別な遺伝子を持っているわけではなく、年齢や若さについての自己像がスペシャルなのです。

私は生化学を専門とする健康学者として、八十歳を元気で現役で送るという考えはそれほど驚くような話ではなく、誰でもそう心がければ可能なことだと考えています。その主張を「八十歳現役論」という本にまとめ、世に送り出したのは、私がまだ四十代、一九七八年のことです。出版当時はショッキングなタイトルがひとり歩きをして、ずいぶんセンセーショナルな話題をふりまきました。

しかし、それから三十年近くがたった現在の日本には、百歳以上の方々が約一万八千人いらっしゃいます。二十数年前、百歳長寿の方が千人を超えた時には、百歳まで生きる稀な人がこんなにもたくさんいるといって、大きなニュースになったものです。しかし一万人を超えると、もうそれほど騒がれなくなりました。

そんな時代ですから、八十歳を現役で通過するのも特別なことではなく、ごく当たり前の時代に変わりつつあります。そうした変化や平均寿命の延びに大きな貢献をしているもののひとつに、マスコミから流される情報など、情報化の波があります。

さまざまな情報をキャッチした人々が、「自分も平均寿命以上に生きられるかもしれない」とひそかに心のなかで考えることが、制限遺伝子のはたらきにストップをかける大きな要因となっているのです。

第4章

想像体験がその後の人生をつくる

嘘も百ぺんつけば真実になる

常に肯定的な言葉を使っていると、それにつれて人生も明るく前向きなものになっていきます。

「年々良くなるいっぽうだ」

「必ずできる、とにかくやってみよう」

私もこのような口ぐせとともに歩んできました。そして、

「人の何倍もはたらき、人の何倍も稼ぐ。そうして思う存分、人生を楽しむのだ」

そう言い続けて、私は夢を確実に現実化しています。仕事は順調で収入も十分あるし、趣味はヨット、狩猟、カメラ、スキーなど多彩です。

私は講演をすることが多いので、大勢の人の前で話す機会に恵まれています。熱心に耳を傾けてくれるみなさんに対し、こちらも熱を込めて、「本気で信じた夢は必ずかなう」というメッセージを送り続けています。

「夢や望みを抱くと、心も体もいきいきとする」

「私たちの脳には、夢を実現させる仕組みが備わっている」

「その仕組みを上手に活用するために、良い言葉をどんどん使おう」

「口ぐせが人生をつくる」

など、身近な例を豊富に引用しながら、科学的な説明を加えていきます。私自身の夢について具体的にお話しすることも、よくあります。

私のメッセージを理解してくださり、実践しはじめたみなさんは、どんどんいい顔、いい表情になっていきます。そして、夢を次々と実現されています。その喜びの声は、私にとっても大きな栄誉です。

さらにまた、私は講演で語った言葉の恩恵をそっくり我が身に受けています。私の言葉は、すべて私の人生にフィードバックされます。ですから、

「先生は、話した通りの人生を歩んでいる。言葉と現実が一致している」

よく、そう言われます。それもそのはずで、言葉はそれを発した人に最も強くはたらきかけるのです。言動の一致というより、言った通りに現実は動いていくのです。

また、具体的な夢について語り、大勢の人に聞いてもらうことで、実現のスピードをいっそう速めることもできます。

こんなエピソードがあります。

私がまだ四十代の頃、私の話をぜひ聞きたいと集まった方々がいて、やがて現在の

講演活動の礎となる「佐藤スクール」というセミナーを開くようになった頃のことです。

当時の私は現役のビジネスマン、外資系企業の役員をしていました。ハーレーダビッドソンという大型のモーターバイクに夢中になり、アメリカへ出張した際などには必ずミルウォーキーまで足を延ばし、ハーレーダビッドソンの専門ショップを訪れては、あれこれ熱心に眺めていました。

実際に触れてみると、ズシリとした重量感やなめらかな質感が、肌を通してじかに伝わってきました。そのいきいきとした感触を、すかさず脳にインプットします。

「いつか必ずこれに乗り、ハイウェイを疾走する」

その時の爽快感をありありと想像するのが、実にまた楽しいものでした。私の心と体はすでに、夢が実現した未来へと飛んでいます。そうした想像体験により、夢をかなえる仕組みのスイッチをONにしていきます。

帰国後も、資料やパンフレットを眺めつつ、じっくりと考えをまとめていきました。私のなかで、いよいよロマンが熟成していきます。

「このすばらしいハーレーダビッドソンにサイドカーをつけると、もっとすばらしくなる。そこに妻を乗せて一緒に走ろう。いつも行く銀座のフランス料理店でランチを楽しみ、麻布の自宅まで青山通りをドライブしよう」

一九七〇年代の後半から八〇年代にかかる頃、外国産の高級自動車に乗ることはあっても、ハーレーダビッドソンで東京を走るというのは、ちょっとない斬新なアイデアでした。

やがて私は本当にハーレーダビッドソンを買い入れ、現在ではサイドカーつきとソロの二台を、TPOに合わせて乗り分けています。

まず一台目を購入し、続いてオプションのサイドカーを取りつけ、二台目を注文する頃には、ビジネスの第一線をリタイアして、執筆や講演活動を中心とする生活にシフトしていました。同じくハーレーダビッドソンを愛する仲間たちとともに、一週間ほどのツーリングに出かける時間の余裕も生まれました。

そうしたプロセスにおいても、私は常に、ハーレーダビッドソンに乗るという夢をつぶさに語り続けていました。「佐藤スクール」に集まるみなさんにも、講演を通じて聞いてもらいました。当時をよく知る方々は、

「また新しい夢を語りはじめたと思っているうち、先生はいつの間にかそれをかなえていた。まるで、最初からストーリーができあがっているようだった。それに、実現するスピードがとても速かった」

そう言ってくださいます。それが可能だったのは、私に夢を語る機会が与えられていたからです。みなさんが熱心に話を聞いてくださったおかげです。

「嘘も百ぺんつけば真実になる」の言葉の通り、本気で信じ、本気で語られた夢は必ず現実のものとなります。

現物に触れることは百万語にまさります。みなさんもぜひ本気になるために、欲しいもののイメージをより鮮明に、よりリアルに思い描き、頭のなかにインプットしてください。そうして、自分の願いを言葉で表すと、いっそう強く脳に刻まれます。

人生の目標を具体的に思い描く

いつも私の講演を楽しみにしてくれている、あるご夫婦のことをお話ししましょう。ご主人のほうは若い頃から、分譲マンション物件を見てまわるのが唯一の趣味という、ちょっとユニークな人物でした。

今度の休日はどこへ下見に出かけようかと、住宅情報を集めることにも余念がありませんでした。現在建築中のマンションのモデルルームや、とても良さそうな物件なのにまだ買い手が決まっていない中古マンションなど、めぐってみたいところをリストアップしては、次々と足を運んでいたのです。

しかし、分譲マンションならどこでもいいというわけではありません。〝億ション〟と呼ばれるような超高級物件だけに的をしぼり、そうしたところに住むのにふさわしいようなきちんとした服装をして出かけるのです。

奥様もそれにつきあい、休日といえばふたりそろって、億ションめぐりを繰り返していました。というのも、二十代半ばで結婚した若いふたりには、映画やショッピング、レストランなどへ出かけて楽しむだけの金銭的な余裕がなかったからなのです。

それならせめて気分だけでもゴージャスにというところでしょうか、自分たちにはとても手の届かないような豪華マンションを下見に行き、たとえ束の間であっても、リッチな気分を味わっていたのです。

さすがに、どの物件も見応えのあるものばかりだったそうです。洒落たデザインの扉の向こうに、二十畳を軽く超える広いリビングと、明るく使いやすそうなキッチン&ダイニング、いくつものベッドルームやゲストルームまでそろっています。

ふたりは臆することなく、ひとつひとつの部屋をじっくりと観察し、脳にしっかりと焼きつけていきました。案内してくれる販売係の男性に対しても、

「うん、なかなかだね。インテリアの趣味がいいし、造りもしっかりしている」

「ほんと。日当たりもすごくいいわ」

と、いかにも買いそうな口ぶりで接していました。この時も、自律神経系は言葉のメッセージをもれなく読み取っています。それを承知しているふたりは、自分たちに向けて良い言葉を発し続けていたのです。そして、いつか必ずこういうものを手に入れようという気持ちを固めていました。

そうして二十数年がたち、このご夫婦はついに念願の億ションを購入しました。ご主人が勤めていた会社をやめて独立し、一念発起してはじめた事業が順調に売り上げ

を伸ばしていたのです。

　私も自宅に招かれ、目のさめるような素敵なお住まいを見せていただいたことがあります。そして、ゆったりとしたリビングで紅茶を飲みながら、ご夫婦が語ってくれた言葉が強く印象に残っているのです。

「実を言うと家内のほうは、たまの休日くらい、デパートへでも出かけて思う存分にショッピングを楽しみたかったようなんです。だけど肝心のお金がないし、仕方なく私につきあっているうちに、億ションめぐりもだんだん面白くなってきたらしくて……」

「そうなんです。今にして思うと、あの経験があるから現在の暮らしがあるっていう感じです」

「しまいには、夫婦そろって、将来自分たちが手に入れるだろうマンションの大きさ、デザイン、感触、匂いまで、くっきりと手に取るように思い描けるまでになっていましたからね」

　たとえ今は買えないとしても、必ず買う気になって億ションめぐりをしてみる。あるいは、お金がなくても「ある」と思い込み、そうふるまうことにより、夢を夢で終わらせない力がはたらくようになります。

あり得ないと思っているうちは、夢は現実のものとなりません。本気で望み、本気で話ができるようになると、望みが実現する確率が限りなく高まります。

このことを私は「想像体験」による夢の実現と呼んでいます。

想像体験とは、ただ漠然と夢を心に思い描くのではなく、まるで映画の一場面のように、リアルに視覚化することです。その目標が達成された時の自分の姿を想像しただけで体が熱くなり、心が高まるような次元まで、脳裏にはっきりと視覚化されている必要があります。

これができる人なら、どんなことでも自分の目標達成へ向かって着実に進んでいくことができます。

みなさんも、一日一回わずか十五分程度でも、想像体験を続けてみてください。半年もすると、実際に百五十回それを経験したのと同じくらいに、自律神経系に組み込まれます。

脳に記憶されると、人間の体はその通りに実現しようとしますから、良い経験を再び味わうために、同じような状況をつくり出そうとするのです。

想像体験は意志の力にまさる

多くの人は、「お金ができたら、時間ができたら、何か好きなことをやろうと思っている」と言います。しかし、その楽しみを先延ばしにせず、いつでも、どこでも、費用をかけずに、今すぐにでもできる方法があるとしたら、あなたはどうしますか。

それは、「想像体験」という新たな次元へ出かけることです。

駅まで歩く間、通勤電車のなかで、ランチや午後のティータイム、入浴中、眠りにつく前のひとときなど、ちょっとした時間を利用して、想像の翼を広げてみてください。

人にはそれぞれの幸福のイメージがあるはずです。あなたが本当に望む、あなただけの理想の未来像です。

「こうありたいと思う自分の姿」
「やってみたいこと」
「欲しいもの」
「人生で達成したい目標」

それらをひとつずつ丁寧に、できるだけ詳しく、克明な映像になるまで思い描きます。その映像を脳に記憶させる試みを続けてみてください。

ただ頭で想像しているよりも言葉に出したほうが、脳はその意味を読み取りやすくなり、想像できる像も増えていきます。ノートを一冊用意して、書きとめておくこともお勧めします。

前にも述べたように、脳の自律神経系は現実と想像上の出来事の区別がつきません。過去・現在・未来の区別も、人称の区別もつきません。あなたが想像したことはすべて、今実際にあなたの身に起きていることと受けとめられ、直接体に作用します。

その想像の内容が「快」であればあるほど、いわゆる快楽ホルモンが多量に分泌されます。免疫力を高めるSIgA（グロブリン唾液腺ホルモン）、壮快感をもたらすベータエンドルフィン、喜びや満足感をもたらすA10《テン》神経からのドーパミンなどです。

これらのホルモン物質はまた、毛細血管を広げて血行を良くし、ストレスを解放させて、恍惚状態にも似たいい気分とやる気を高めてくれます。心の「快」がいきいきとした代謝リズムをもたらし、体中のひとつひとつの細胞を喜ばせます。

これは一度試してみると、楽しくてやめられなくなります。習慣化すると、心と体がとても快調になっていきます。

そして、想像体験の内容が明確な目的・目標のメッセージとして大脳に伝わると、脳に組み込まれている脳神経系システムが、その望みを実現させるために稼働しはじめます。

ひとつだけ注意したいのは、想像体験はあくまでも、明るい未来の夢や希望を思い描くことに限定することです。悲観的な未来、不安、心配事など、起きて欲しくないことをクヨクヨと考えたり、ましてや克明な映像として脳に記憶させるなど、もってのほかです。

心配事の八〇％は起こらないといわれます。起きてしまうのは、残りの二〇％だけです。ただし、そのうちの八〇％は、順序だてて整理し、準備を整えて対応すると、心配事には至らず解決ができます。つまり、その時にならなければ手の打ちようがない、いわゆる心配に値する本当の心配事は、全体の四％に過ぎないということです。

誘導自己暗示の世界的な権威、フランスの医学者エミール・クーエという人は、自己暗示に関する次のような法則を打ち立てました。

法則１　意志と想像力が争えば、必ず想像力が勝つ。
法則２　意志と想像力が一致すれば、その力は和でなく積である。
法則３　想像力は誘導が可能である。

意志よりも想像を優先させたほうが物事は成就しやすいということです。たとえば、自分が好きでもないことをしなければならない場合には、なるべく想像力を発揮して、楽しくなる方向へ持っていくと良いということです。

そうした脳の機能とミラクルなはたらきによって望みを達成していくには、何といってもまず、楽天的な「快」の状態を保つことが絶対的な条件となります。

愛と感謝の念を忘れずに、心の大地を耕すことも大事です。愛することは、愛されること以上に大きな充足感と幸福感をもたらします。そして、何かに感謝している時の心の状態は、肥沃な土地をますます耕すはたらきをします。

そうして常に耕しながら、たっぷりと養分をたくわえた土地に未来志向の種を蒔くのです。土壌がいいと、種はすぐに芽を出します。考えたこと、望んだことが早く実現するようになるのです。そして、いい土地は痩せ細ることなく、ずっと長持ちもします。

成功キーワードは現在形で語ろう

愛と感謝の念は、私たちのうちにとめどなくあるものです。誰かを愛せば愛すほど、私たちの愛は増えていきます。感謝すればするほど、自分を豊かにしていくことができます。

愛と感謝は、使えば使うほど増えていく〝心のエネルギー〟なのです。

「人間って素敵よね。素敵な恋ができるから」

「人を好きになると、愛の力で強くなれる」

「夫こそ最愛の人、そして永遠の恋人」

「愛することによって自分が輝き、相手もさらに輝くという相乗効果のある愛が本物の愛」

そんな思いを素直に表現していると、自分だけでなく周囲にも変化を起こしていきます。そしてまた、

「多くの人々の助けや励まし、好意や友情、愛に支えられてきたから今がある。まずはそのことに、ありがたいと思わずにいられない」

「何と多くの好運、ラッキーなめぐりあいの連続だろう」

と、誰に言うのでもなしに「ありがとうございます」と照れずに表現できる人は、毎日の暮らしをとても潤いのあるものにしていくことができます。

しかし、人間の意識というものは本当にわがままで、自由奔放です。

自分を取り巻く人々への愛や感謝、すばらしい回想にひたっている時でも、誰かにいわれた心ないひとことを思い出して、すっかり興醒めしてしまうことがあります。理想の未来を想像していても、せわしない現実の生活リズムに影響されて、集中力を乱されることもあります。

自律神経系というものも、気分やムードに強く影響されます。卒業式で「仰げば尊し」や「蛍の光」が流れたとたん涙がどっとわいてくるのは、自律神経系がその場の雰囲気にすかさず反応するからです。

ですから、愛や感謝の念を深めたり、集中して想像体験をするためには、それにふさわしい環境を整えることが大切です。テレビを消し、ひとり静かに、あるいは好きな音楽でも流して、ゆったりとリラックスしながら、これから深く瞑想するのだというような気持ちで臨んでください。

やがて上達してくると、たとえ周囲がどんなに騒がしくとも、自分だけの世界に入っていくことができます。心に浮かぶちょっとした雑念など、上手に説き伏せることができるようになります。

想像力という能力は、イマジネーションの翼を広げることによって、さらに強く鍛えていけるからです。

また、意識や自律神経系は、特に言葉に対して最も強く反応します。ただ頭で想像するだけでなく、言葉にして言ったり、書いておいたりすることの重要性はそこにあります。

さらに、想像体験の内容を他者に語ると、イメージがよりはっきりとしてきます。思わぬ発見があったり、これまで見えなかったものも見えてきます。

ですから、想像体験を本当に高めていくには、それを他者へ向けた言葉として、真剣に語ることがいちばんです。そうすることで、脳内の夢をかなえる仕組みを最高の状態にしておくことができます。真剣に語り、想像体験の感動と一体になるうち、自分だけの「成功キーワード」もできてきます。

実際に成功キーワードのすごいところは、それを唱えることで脳内のモードが変わることです。言葉が瞬間的に意識空間をつくり、コンピュータの環境設定の変更のように、パッと一瞬で自分のモードが変わってしまいます。

唯一気をつけなければいけないのは、言葉はすべて現在形で話すということです。「いつか、こうなったら」「うまく事が運んだら」というような条件つきの未来ではなく、「私はこうします」「私はこうなります」というように、無条件で現在そこに近づきつつあるという、前向きな話し方をするのです。

私も若い頃から、「農学校に行きます」「大学では生化学を勉強します」という風に話すのが癖でした。まだ目的の学校に入学すらしていないのに、すでに決まっているかのような表現をしていたのです。

自分の求めているもの、得たいもの、なりたい状態を現在形で表現することにより、そのことが不思議と実現していくものだと、かなり早い頃より知っていたように思います。仮定法で話している人たちの願いや望みが、ほとんど実現していないことにも気づいていました。その後、二十代後半の頃になると、「話したことが現実になる」ということの原理について、自分の体を通して熟知するようになります。

もともと私は、生身の体を扱う生化学者として出発していますから、体の仕組みについては専門家です。さらにそこへ意識と体の相互関係についての研究が加わり、言語が及ぼす影響の大きさについての研究も独自に進めていったのです。

第5章

脳内の目的達成装置をフル活用する

夢をかなえるあなたのオートパイロット

これまでに私たちは、さまざまなことを確認してきました。

「人間には本来的に、夢をかなえるための仕組みが備わっている」

「大脳の想像力と自律神経系の連動によって物事が実現していく」

「その最大の引き金になるものは言葉の習慣である」

いずれも、心と体の両面から科学的に実証される事実です。

ここでは、脳神経系システムの「夢をかなえる仕組み」について、さらに詳しく説明していきましょう。

私たち人間の自律神経系は、脳内にインプットされた目的を自動的に達成していく「自動目的達成装置」です。

この仕組みは、航空機やミサイルに搭載されているオートパイロット（自動操縦装置）のシステムと同じです。自動操縦装置を制御するコンピュータは、人間の脳を模してつくられています。

オートパイロットの精巧な仕組みは、たとえ真っ暗闇のなかにあっても、はるか彼方の見えない目的地へと確実に飛行することを可能にします。オートパイロットを解除して手動操縦に切り替えてしまうと、目で見える範囲から抜け出せない有視界飛行のような状態になり、常にきょろきょろと自分の進むべき道を探すことになります。

それと同様のことが、人生においても当てはまります。

つまり、脳内の自動目的達成装置を上手に使っていくと、将来の夢や望みも自動的に達成することができるのです。

私たちがなすべきことは、自動目的達成装置に明確なメッセージを伝え、オートパイロットのスイッチをＯＮすることだけです。常に夢や希望を強く心に思い描き、それを言葉にしていくことです。

逆にいうと、人生で目標を達成できない真の理由は、自動目的達成装置に想像体験としての明確な目標を実際にインプットしないからです。

または、時間がたつにつれ現実が不安になりはじめると、自分の選択を「間違っていたのではないか」と悔やんだり、「あっちのほうが良かったのではないか」と迷ったりして、システムに狂いを生じさせてしまうからです。

読者のみなさんには、この自動目的達成装置をフルに活用した「人生の達人」についてご紹介しましょう。私の古くからの親しい友人であり、今では堂々年商六百億円の企業の代表者となったM氏です。

二十数年前、一介の営業マンだったM氏は当時四十代半ばで、かつて私が主宰していた「佐藤スクール」（既出62ページ）のメンバーのひとりでした。そしてその夢とは、大会社の社長になるという実にビッグなものでした。

当時のM氏が用意した資本金は三百万円、それを元手にどのようなビジネスを展開するのか、具体的なことは何ら決まっていませんでした。実業家を目指しているとはいえ、大会社経営のマネージメントについての知識も不十分なものです。しかし、とにもかくにも、

「大会社の社長になり、ビルの最上階に社長室をつくって、私はそこに座るのだ」

と本気で望み、想像体験によってそのイメージ像を頭のなかでくっきりと思い描いていたのです。

これだけでも大したものですが、彼はさらに独自の成功キーワードを持ち、それを口ぐせとして毎日欠かさずに唱えていました。

「今日も一日すばらしい日になるぞ」

「私は何て幸せなんだろう」

「お父さん、お母さん、ありがとうございます」

「私の未来はどんどん開けていく」

目を大きく見開きながら、実際に身を乗り出すようにして、大きな声で毎朝三唱するのです。Ｍ氏の母上は、その時すでに他界していました。海軍の軍人だった父上は物心つく前に戦死していましたから、Ｍ氏は写真でしか父親の顔を知りませんでした。

それでも、

「自分に生を授けてくれた両親に感謝あるのみ。こんなに大きな夢を持ち、すばらしい人々との出会いによって仕事をさせてもらっている。私は何て幸せなんだろう」

との思いを言葉に託して述べ、一日のはじまりとしていたのです。私もその姿を見て、とても感動しました。

彼が行なっていたことは、明確な目的・目標を抱き、それを感謝の言葉とともに、繰り返し口にしていくことでした。脳内の自動目的達成装置に強固なメッセージを伝え、スイッチをＯＮにすることです。その後は、オートパイロットが必ず目的地まで連れていってくれると信じ、安心して歩を進めていくだけでした。

幸福行きのチケットを手に入れる

そのM氏に何が起こったかというと、まさに周囲も驚くようなサクセスストーリーが、あれよあれよという間に現実のものとなっていったのです。

最初は小さなアパートを事務所にして、夫人とふたりだけの会社をスタートさせました。ベンチャービジネスの講座でつかんだ知識を活かし、健康機器の販売を手がけることにしたのです。営業畑で培ったビジネスセンスも、販売の仕事に大いに役立つはずです。

しかし、その会社を大きくしていくために何をどうすれば良いのか、まだはっきりと意識にのぼってはいませんでした。

それでも彼は、いつか必ず、

「大会社の社長になり、ビルの最上階に社長室をつくって、そこに座る」

という夢がかなうと、本気で信じていることが最大の強みでした。

その自動目的達成装置は、強烈なメッセージをインプットされたその時から、答えを求めて盛んに稼働し続けていました。たとえ本人が忘れている時にも、自動目的達成装置のほうは最終的なゴール地点を目指して、ありとあらゆる手立てを講じていたはずです。

ところで、M氏は今も昔も、いかなる場面でも否定的な言葉をいっさい使いません。何であろうと、まずは肯定してからはじめます。

「天気が悪い」と言うかわりに「いい雨が降っている、傘を持っていくとするか」、「風邪を引いてしまって調子が悪い」のではなく、「そろそろ休めと体が教えてくれている」となります。

そして、一日も欠かさずに、成功キーワードの口ぐせを実践し続けています。

「今日も一日すばらしい日になるぞ」

「私は何て幸せなんだろう」

「お父さん、お母さん、ありがとうございます」

「私の未来はどんどん開けていく」

と、大きな声で三唱するのです。

すると、ちゃんと手立てができてくるのです。

やがてM氏は、M氏の人柄やビジネスに共感を覚え、ぜひ応援しようと名乗り出る人物に次々と出会うことができました。大ヒットにつながるすぐれた商品を発掘する機会にも恵まれました。

　必要な時に必要な人材やビジネスチャンスが現れて、すこぶる順調に営業成績を伸ばしていくことができたのです。資本金三百万円から興した会社は、やがて年商一億円、五億円、十億円にまで発展していきました。しかし、まだまだ続きはあります。

　私利私欲に走ることなく、率直、誠実、調和、寛容、思いやり、正義を心がける良き人物には、小さな個を超える大きな夢をかなえていく力がはたらくものです。M氏にも、周囲がこぞって協力を申し出たくなるような大きな魅力がありました。

　彼の会社は、とうとう年商百億円を突破し、海外六カ所に法人をつくるまでに大躍進しました。その勢いに乗って、年商五百億円、さらに六百億円という大会社にまでなっていったのです。起業からわずか二十数年、脳のオートパイロットのはたらきに導かれるまま、人生の大きな目標を達成したというわけです。

　企業としての規模が大きくなると、運営マネージメントにも相当の力量が要求されるようになります。彼はやがて、大手銀行の副頭取を務めた優秀な人物に相談するようになり、その人に企業マネージメントを一任するようになりました。会社会計については、会計検査院のトップであった人物に監査役をお願いするといった具合です。

　ここでもやはり、必要な時に必要な人材がちゃんと現れ、ビジネスを強力に支えてくれました。

M氏のように、自らの想像体験や口ぐせの威力によって、「幸福行きのチケット」を手に入れることは、実は誰にでも実際に可能なのです。どれほど大きな夢や望みであっても、あなたにもともと内在している自動目的達成装置が良い結果を得られる方向に進めていくのです。願望を実現するのに役立つ情報を集めたり、最適任の人物と出会えるよう、現実を動かしていってくれます。

その精巧な仕組みの威力を最大限に発揮させるには、ある秘訣があります。いったんオートパイロットのスイッチをONにした後は、どんなことがあっても、肯定的な心の状態をくずさないことです。

あちこち見回して、自分の選択が正しかったかどうかなどと気にする必要はまったくありません。ましてや、後悔や迷いの言葉は、絶対に禁物だと心得てください。

とはいっても、人生は選択の連続ですから、目標へ向かっている間にもさまざまな軌道修正が必要になるかもしれません。たとえば飛行中の速度、高度、方角、経由地などに相当する事柄を選択し直すことが求められる場合です。

そういう時こそ、自動目的達成装置のすぐれた威力を信じるべきです。オートパイロットという機能そのものが、不測の事態に備えるためにつくられたものだからです。

私たちにとっては、何を選択するかよりも、どんな心的態度で選択をするかが重要なポイントになってきます。肯定的で楽観的な心的態度で選択された事柄については、自動目的達成装置は実に柔軟な対応策を見つけ出してきてくれます。

その指令に従い、ちょっとした軌道修正をするだけでいいのです。あとは再び、快適なオートパイロット飛行を続行し、最終目的地へ連れていってもらえるまで安心して身も心も任せることです。そして成功への近道は、ひたすら夢の実現を信じ続けることです。

「なり切る」ことの効果は絶大

私が敬愛してやまない作家のひとりに、アーネスト・ヘミングウェイがいます。ヘミングウェイは、一九五三年にピュリッツァー賞を、一九五四年にはノーベル文学賞を受賞した、二十世紀最大の作家です。

彼ほど、世界中の男たちの羨望と尊敬を一身に集めた人物はいないでしょう。

旺盛な創作意欲で数々の名作を著すいっぽう、冬は米国アイダホ州ソートゥース山脈で猟をし、メキシコ湾ではヨットでカジキやマグロを釣り、アフリカへ狩猟旅行に出かけ、スペインの闘牛場をめぐり、同国の内戦時には王制派に対して共和国派の側に立って戦ったほどの行動派です。

ニューヨークにアパートを構え、パリのリッツとイタリアのベニスのグリッティパレスに常用の部屋があり、そこで結婚生活を続けてもいました。

ヘミングウェイの作品と彼自身の人生は、一貫したものがあります。それはどこまでも行動の人であり、生きて行動した証しが骨太な作品を形づくっています。ワイルドな感性や男のダンディズムが、ページをめくるごとに色濃く立ちのぼってきます。

作品を愛読するだけでなく、生き方そのものに共感を覚えるようになると、実際には会ったことのない人物であっても、次第に尊敬の念にも似た強い思いを抱くようになります。私の場合は、それがヘミングウェイでした。

すると、人生のあらゆる場面で、自分がヘミングウェイになったつもりで考えてみるようになります。彼だったらこんな時どうするだろうと考えをめぐらし、思いもかけない解決方法が浮かんできたこともあります。

欧米では、こうした行為を「ヒューマンスキル」と呼んでいます。ヒューマンスキルとは、人間がより良く生きていくために駆使される技術のことで、「ふるまいの方法」「なり切ること」なども、技術のひとつに数えられます。

自分もこうありたいと思う人物と自分自身を重ね合わせ、物事を考える規準にしていくのです。こうした習慣は、実際に多くの効用をもたらしてくれます。

「なり切る」対象は、世界的に有名な人物である必要など少しもありません。無名の人、身近な人であっても、あなたが尊敬できる人物であるなら、それだけで十分立派な資格があります。また、複数の人から尊敬できる部分をかき集め、ひとりの良き人物像をイメージすることも可能です。

ヘミングウェイを通して、私の現在のライフスタイルを特徴づけたものがふたつあります。ひとつはヨット、もうひとつは狩猟です。

私の住まいは熱海の海岸通りにあり、リビングルームの大きな窓から海を一望できます。私が熱海に移住して間もなく、ヨットハーバーの「熱海スパ・マリーナ」が完成しました。愛艇をホームハーバーであった沼津から移動し、日々眺めていられる好運に恵まれました。

狩猟と銃については、趣味が高じていつしかプロと呼ばれるようになりました。ガンライターとしての経歴はヨット歴よりも長く、雑誌に掲載された記事は百篇を超えています。記事のなかから抜粋して、「銃を極める愉しみ」（青萠堂）という本も出版しています。

さらに、国際ハンターとしての顔も持っています。アメリカ、カナダ、ロシア、ニュージーランド、アフリカ諸国など、多くの国々に出猟し、なかでも北極圏でイヌイットとともに北極熊を追跡捕獲した時の感動は忘れられません。

ヨットも狩猟も、私の人生に欠かせない「遊び」です。そして、そのワイルドライフの原点は世界を旅し、狩猟を愛し、フィッシングを楽しんだヘミングウェイの生き方にありました。

もしも私が、「ヘミングウェイは、自分とはほど遠い特別な人物」と決めつけていたなら、現実はどうなっていたでしょう。ヨットも狩猟も、大変お金のかかる遊びです。現実だけを見ている限り、夢にもならなかったに違いありません。

しかし、私は知っていたのです。「大切なのは現状を分析することではない」ということを。現実にこだわらず、何事にも束縛されることなく、欲しいものを本当に欲しいと願い、夢を強く心に思い描くことが、すべてを実現可能にしていくのです。

強く望むことと同時に、具体的に考えることも大切です。何を、いつ、どこで、誰と、どんな風に行なうか。実現に必要とされる予算はどれくらいか、前もって準備や手配すべきことは何かなど、より具体的に詳しく考えていくことで、目的意識はよりいっそう明確になっていきます。

明確な目的意識は、脳の「やる気系」システムを刺激し、全脳を最大限に活性化させます。精神的な恍惚感も享受できます。

「何と多くの人が財布の中身を考え、他人の思惑を考え、家庭を考えてつまらない人生に甘んじてしまうことか。くよくよ考える人間ははじめから運に見放されており、勇気なんて滑稽にしか思えず、才能があっても活用されずに終わるのだろう。挙げ句のはては、不平不満の虜になるのがオチである」

これは、ヘミングウェイが残した言葉です。若き日の私はこの一節に強く惹きつけられ、以来、頭から離れなくなりました。

尊敬する人物を持つことは、人生の財産です。そして、どれだけ人を尊敬できるかということに、私たちの存在価値が表れます。人を本当に尊敬できる人物であって、はじめて人からも尊敬されるに価する、と私は考えています。

if《もしも》をなくすと人生のハシゴを十段昇れる

自律神経系は、四六時中休むことなく作動しています。

私たちが眠っていても心臓は休むことなく鼓動し、全身の血液を循環させています。三十六度から三十七度の体温を保ち、呼吸によって体のなかに酸素を取り込むことができるのも、自律神経系が不眠不休で生命活動をコントロールしているからです。

夢をかなえる仕組みである「自動目的達成装置」も、絶えず稼働し続けています。ひとたびインプットされた目的・目標は、私たちが意識するしないにかかわらず、確実に実現の方向へと向かって突き進んでいるのです。

眠ることは意識を休ませることで、思考も休眠します。すると、意識から自律神経系への影響が少なくなり、自律神経系の本来の機能が回復します。

人間にとっていちばんの問題は、眠っている時ではなく、起きている時です。私たちは意識がある限り、恋愛、金銭、立身出世、娯楽、趣味、食欲、性欲、その他もろもろのことで悩んだり、喜んだり、苦しんだりします。

また、一度立てた未来の計画について、人の話を聞いて不安になったり、無理な計画だと思い込んだり、やはり取りやめたほうがいいかもしれない……などと、心が揺れることが問題なのです。

それに対処する最善の方法は、意識的に良い言葉を選び、自分自身に良い影響を与えていくことです。

「私は運がいい」

「良いことは長続きする」

「私の夢は必ず実現する」

そう言って毎日を楽しく過ごすことこそ、自動目的達成装置の機能をアップさせます。

最初は、意識的に行なうことで構いません。何カ月か継続しているうち、自然と体質化していくはずです。体に刻み込む、体感する、回路をつくる、体質化する、それが習慣化へのプロセスです。

ここで大切な点は、将来のことを語るのではなく、今いいのだと言うことです。

「自分はこれから幸福になるのではなく、今すでに幸福なのだ」

と口に出して言ってみてください。ひとり言も、どんどん言うべきです。きっと新しい自己発見につながります。

さらに、「もしも、こうであったなら」という、ｉｆの仮定法の話をやめると、必ず自分のなかで大きな変化が起きてきます。会話から「もしも」をなくすと、人生のハシゴを十段上へ昇っていけるのです。

「もし私が美人だったら、お金持ちと結婚できるかも」ではなく、「私は美人だし、経済的にもしっかりした素敵な男性と結婚する」でいいのです。

「もし仕事がうまくいっていたら、もっといい車に乗れるのに」ではなく、「きっとこの仕事は成功する。車もワンランク上のものに買い替えよう」でいいのです。

「最高の一日だぞ、いい予感がする」

というのも、お勧めのひとことです。楽天的な気分をつくり、心も体も快調なスタートを切れます。どこが、何故いいのかは、脳があとから考えてくれます。言葉通りに「最高の日」を具現化しようとしてくれます。

実質の伴わないことは言いにくい、とお考えですか。ホラ吹きだと思われてしまうのではないかと心配ですか。

ご心配には及びません。ホラとは、常識ではちょっと考えられないような、スケールの大きい発想や願望のことをいうのです。

英語では、ホラのことを「Big Talk」（ビッグトーク）といいます。嘘は「Ｌｉｅ」

（ライ）です。このふたつはまったく別の意味を持っていて、類似性がありません。

欧米では、研修などの場においても、「Talk Big」（トークビッグ）の視点から、夢や希望をできるだけ大きく表現する力を訓練する場合がよくあります。「Big Talker」（ビッグトーカー）であることは、才能のひとつと見なされるのです。

人並みはずれた夢を持ち、大きな仕事を成し遂げた人物は、まさに天才的なホラ吹き、つまり「Big Talker」（ビッグトーカー）です。成功者の自叙伝が多くの場合ベストセラーとなるのも、その発想のユニークさや行動の大胆さが、実に小気味よく映るからです。ホラを吹き当てる人生は常に人々の羨望の的であり、示唆に富んでいます。

私も、日々新鮮な気持ちで、「Talk Big」（トークビッグ）できることを楽しんでいます。そして嬉しいことに、私が「こうありたいな」と考えると、そのような現実に私はすぐにめぐり合えます。私は「これも日頃の口ぐせの賜だ」という気持ちを強く持っています。

「今が人生の黄金時代、過去に蒔いた種の実りを収穫する時期だ」

というのも、私が好んでよく使うフレーズです。その結果、自分のなかで求めている人との出会い、求めている機会との遭遇といった可能性がどんどん広がっていくのです。

上手に言葉を使い、想像できる内容が広がっていくと、現実の世界の可能性も広がっていきます。それが脳にインプットされ、ひいては現実の人生をも豊かにしていくのです。

第2部

実践編　口ぐせパワー活用法

第6章

言葉の棚卸し

何気ない口ぐせを点検する

ここからの後半は、実践トレーニング編です。口ぐせの威力を日常に活かす方法について、具体的に説明していきます。

最初はまず、言葉の棚卸しからはじめましょう。あなたがいつもどんな言葉を使って生活しているのか、言葉の在庫チェックをしてみようということです。普段あなたが口にしている言葉をできるだけ多く、思いつく限りで結構ですから、書き出してみてください。

朝、目覚めた時の第一声は？　家族に向かって「おはよう」と声をかける習慣がありますか。洗面所の鏡の前で、あるいはお化粧をしながら、自分の顔に向かって何か言ってあげているでしょうか。

朝食の時、食卓ではどんな会話が交わされていますか。「行ってまいります」「行ってらっしゃい」の挨拶は？

仕事の場面では、どうでしょう。上司、部下、同僚、取引先の人など、相手によってさまざまに言葉を使い分ける必要がありますね。しかし、そこに共通するあなただけの言葉の特徴が何か見当たりますか。

仕事がうまくいった時、うまくいかなかった時、仕事を終えてホッとひと息つく時に出るひとこと、明日もまた頑張ろうという気持ちを表す言葉とは、どのようなものですか。

そのほかにも、友人や知人との会話でよく使う言葉、大好きな恋人とデートしている時にいう言葉、久しぶりに会った人に対して、苦手な人に対して、喧嘩の際についい出てしまう言葉、電話の応対、気分のいい時、悪い時、カッとなった時につい出やすい言葉などについても、じっくり時間をかけて思い出してみましょう。

お風呂につかっている時や夜のリラックスタイムなどで、一日に何回「ありがとう」と言っているかなどについても探ってください。そのようにして、「口ぐせリスト」を少しずつ完成させていきましょう。

また、自分で自分をどういう人間だと思っているのか、自己像についても書き出してみてください。現在の自分、他者から見た自分、理想の自分、将来の目標、欲しいもの、やってみたいことなどをリストアップしていくのはとても楽しい作業です。

さあ、あなたの「口ぐせリスト」と「自己像リスト」ができあがったら、今度はそれを点検していきます。リストのなかに、肯定的な言葉がいくつ見つかりますか。否定的な言葉はどうでしょう。肯定語と否定語の割合を調べてみてください。

たとえば、「おはよう」「よく眠れた」「行ってまいります」などの、明るい響きを持つ言葉は肯定語です。反対に、「まだ疲れが残っている」「今日も会社か、嫌だなあ」といった、元気のない言葉は否定語です。

「私に任せてください」「はい、喜んで」「ありがとうございます」という前向きな言葉は肯定語で、「できません」「仕方ありませんね」「いつもすみません」などの後ろ向きな言葉は否定語です。

「できる」「美しい」「とてもおいしい」と肯定するものは肯定語で、「できない」「美しくない」「さほどおいしくない」と否定するものは否定語だという、言葉の原則を覚えてしまうとわかりやすいでしょう。

肯定語と否定語のバランスは、肯定語が多ければ多いほど望ましいものです。特に、自分自身を言い表す言葉のすべてが肯定語で構成されている人は、言葉の使い方がとても上手な人です。「こういう自分でありたい」「こういう人生にしたい」というイメージがはっきりとあります。それにふさわしい良い言葉を口にし続けていると、本当にその通りに現実を動かしていけます。

しかし、他者との会話において、まったく否定語を使わずにコミュニケーションすることは困難です。そうした場合は、肯定語と否定語のバランスを七対三の割合にとどめるよう心がけると、聞き苦しくない程度におさえられます。自分の発した否定語により、自分自身がダメージを受けるという被害も少なくてすみます。

そこで、できるだけ否定語を肯定語に置き換えていく努力が大切になってきます。「天気が悪い」を「曇っている」に、「人の話をちっとも聞いてくれない」を「私の言うことにもっと耳を傾けてほしい」に、という具合に置き換えていきます。「お金がないから買えない」と言うより「今は持ち合わせが足りないので、別の機会に」と言い換えると、決して否定していることにはなりません。同じことをいうにしても、表現の仕方を変えることにより、否定的な表現を肯定的な表現に変えていけます。

「とても無理だ」と最初から否定するのではなく、「難しいかもしれないが、とにかくやってみよう」と、とりあえず肯定することで解決の糸口が見えてきます。「だめだ、全然なってない」と叱るのではなく、「ここがちょっと残念だった、もっと良くなるはずだから頑張って」と励ますほうが、言った本人も言われた相手も気分よく仕事に立ち向かえます。

デートの約束にしても、「今日は予定が詰まっていて会いに行けない」と断ってしまうより、「明日はゆっくりと時間がとれるので、ぜひそうしてもらいたい」と誘うほうが、ふたりの交際はスムーズにいきます。

ちょっとした言葉がつくりだす差は歴然です。人生において、日常の会話はとても大きな意味を持っています。言葉の習慣を変えると未来も変わってきます。これまでの習慣の殻を破り、ぜひ良い口ぐせを習慣化していってください。

愚痴はいわない、失敗談はしないに限る

楽しいこと、嬉しいこと、こうありたいという望みなどは、強く思い描くことで脳神経系システムに記憶されます。その想像イメージを言葉にすると、より強力な「幸福のプログラム」をつくることができます。

同じように、過去の失敗談、苦労話、愚痴なども、口にする頻度が高くなるほど、「失敗のプログラム」として、はっきりと脳にインプットされます。その結果、必ずまた同じ失敗を繰り返すことになり、どこまでいっても悪循環となってしまいます。

私も少年時代は、都会人に対して強いコンプレックスを抱いていました。そしてそれを、北海道の原野育ちという環境のせいにしていたのです。のちに東京で大学生活を送るようになってからは、このコンプレックスはいよいよ重くのしかかってきました。

しかし私は、内心の引け目とは裏腹に、進んで人の輪に飛び込んでいくことを選びました。積極的で肯定的な言葉だけを選んで使うことで、理由もなく抱いていた田舎コンプレックスを、どこかに吹っ飛ばしてしまいたかったのです。

それが功を奏して、友人たちから「お前と話していると、こっちまで元気になる」と言われるようになりました。そうなったら、もうこっちのものです。自分の発する言葉によって運命を切り開いていくのだと、強い確信を抱いた第一歩です。

私だって何もかもうまくやってきたわけではありません。失敗も苦労もありました。しかし、それを単なる失敗談、苦労話、愚痴として語ることを好みません。ましてや、自己憐憫《れんびん》にひたることもありません。それらを口に出し繰り返すごとに、失敗しやすい体質になってしまいます。

過去の失敗や苦労は、自分を失敗者だ、苦労者だと認めることから存在します。自分が話している失敗談や苦労話が、新たな失敗や苦労のもとをつくっていることに気がつかないだけです。

ですから私は、つとめて良いことや良い結果ばかりを話すようにしています。それがまわりからは「運がいい、ツキがある」人間だと思われ、ほかの人と違う点になったのだと思っています。

よくよく気をつけなければならないのは、人はともすれば言葉を悪い方向へ使いがちだということです。

サラリーマンが居酒屋などで談笑するのを聞いていても、その場にいない上司や仲間をこきおろすことで盛り上がっている場合がとても多いものです。女性同士のひそひそ話も、悪い噂ほど熱を込めてささやき交わされます。

悪口や陰口は一方的な欠席裁判ですから、口の滑りも滑らかになり、ついつい調子に乗ってしまいがちです。ところが、ポンポンと調子よく言っているうちに、徐々に気分が重くなり、あたかも悪口を言われた当人のような気分になり、自己嫌悪に陥ってしまいます。

こういう人たちの人生は、自分が使っている悪い言葉の通りになっていきます。仕事や上司に恵まれないと話す人は、どこまでいっても恵まれることがありません。他人の不幸を喜んでいるうちは、自分にも幸福が訪れるわけがありません。何故かというと、脳内の神経系が言葉の通りに配線されるからです。

悪口や非難など、否定的なことを言いそうになったら、それをどう肯定的な言葉で表現していくか考えてみてください。

「部長は慎重派だから、物事を決断するのにじっくり時間をかけるんだよ。それだけ責任の重さを痛感しているんだろうなあ。頼りがいがあっていいじゃないか」

「せっかく会議に出席しているんだから、我々ももっと積極的に自分の意見を主張しよう。後で文句を言うよりよほど建設的だし、上司にもわかってもらえる」

というように、できるだけ良い面を見つけようと考える人のほうが、物事を明るい方向へ転換していくことができます。

「この間、久しぶりに山田さんに会って食事をしたのよ。ちょっと見ない間に彼女、すっかりきれいになっていて、とても五十歳とは思えない。何だか歳とともに若返っていくみたいね、うらやましいわあ」

こういうほめ言葉も悪口の反対で、話しているうちに、だんだん楽しくなってきます。人のことをほめているのに、不思議と自分自身が良い気分になり、その言葉の通りに自分も変身していきます。

同じような境遇にあっても、これから伸びる人、できる人というのは、他人のすごいところに驚き、良いところを発見するのに長けています。他人の幸福をひがむことなく明るい話題にして、自分もそうなりたいものだと憧れていると、「幸福のプログラム」をしっかりと脳にインプットすることができます。

お金と仲良くなる方法

もし経済状態を変えたいと思うなら、先に頭のなかを変えることです。財は脳内で築かれます。あなたが到達している経済レベルは、これまでの考えによる結果です。それを超えていくためには、さらに大きな望みを抱き、言葉にしていくのです。

金銭に関する禁句は、たくさんあります。

「お金に縁がない」「お金と相性が悪い」「稼いでもすぐに出ていってしまう」「貧乏暇なし」などという否定的な言葉を口ぐせにしていると、その通りになります。自律神経系は「お金がないのか」と読み取って、それを現実のものとしてしまうからです。「お金ばかりが人生じゃない」「私は金持ちになろうとは思わない」「お金がなくても幸福な家庭をつくろう」という消極的な意思決定も、脳細胞の活動をブロックします。

お金持ちでなくてもいい、という考え方を選ぶ必然性はないのです。人生にとって、お金はなくてはならない重要なものです。「収入を増やして、もっと楽しもう」「お金に余裕のある暮らしはいいものだ」と言っていると、脳細胞は解決を求めて活動し続けます。

一万円札に向かって、「福沢諭吉先生、今日も一日よろしくおつきあいください」と挨拶してみましょう。言葉を自己管理していくことで、自分の意識をコントロール下におくことができます。

お金に対する親しみを込め、良い言葉をたくさん使うと、気持ちが盛りあがってきて、情がこもるようになります。言葉を口に出すということは、必死になるためであり、その気になるためのいちばんの方法です。

気持ちが盛り上がると、脳内の自動目的達成装置がONになり、信じられないような威力を発揮します。やがて無意識に自然と言葉が出てくるようになり、スラスラと感情を込めて言えるまでに習慣化すると、願いをかなえる力もスピードも驚くほどアップします。

実際に財布の中身を増やすことで、経済スケールを大きくすることもできます。

いつも持ち歩くキャッシュを、思い切って増額するのです。常に財布のなかに一万円用意している人なら三万円に、三万円なら十万円にと、約三倍ほどに増やします。するとそのスケールに見合った変化が訪れます。財布の中身に釣り合うよう、収入のほうも増額していくのです。

また、欲しいと思えば、たいていのものは買えるという自信が生まれ、だからこそ、本当に気に入るものが見つかるまで、あわてて買物はしないという余裕も出てきます。時にはお金をかけて少し贅沢をしてみることも大事だ、ということもわかってきます。

たとえば、仕事で人と交渉する、人を説得する、ビジネスをより有利なものにするために優秀な人材を引き抜く……このような時には、食事にしても一流の店に連れて行くべきなのです。それだけの誠意をもって当たらなければならない時は、お金だって豪勢に使う必要があります。

ただし、財布を落とさないこと、無駄に使わないこと、この二点だけはくれぐれも気をつけて。それさえ注意できるなら、史上まれにみる低金利の時代、せっかくの財産を銀行に寝かせておくより、よほど有効な活用法です。

新聞紙で札束をつくり、それを三百万円分を持ち歩いた女性もいます。

こうすれば必ず億万長者になれると信じ、「高級ハンドバッグに三百万円しのばせている女」になり切って、常に裕福な気分を満喫していたのです。

その彼女は持ち歩くだけでなく、「私はいつでも三百万円持っている女よ」と自分に言い聞かせてもいました。そして、親しい人に「私ね、恋しているの」と打ち明け、「私、魅力的になった？」と聞くのが口ぐせでした。

私は、恋の話はたぶん嘘だったのだろうと思っています。しかし、彼女が言おうとしたことは、よくわかります。

「人生で大切なものは、トキメキよ。ときめいていると、女はいくつになっても美しくなれるの。肌の柔らかさも透明感も、心がつくりだすものなのよ。だから私はいつも恋をしていたい。たとえ相手がいなくても、恋してるって言っちゃえばいいのよ」

きっと、彼女はそんな思いだったに違いありません。

さて、その女性が新聞紙の三百万円を持ち歩いた結果どうなったかというと、何と三年ほどで、みるみる経済状態を好転させてしまいました。内職の仕事から一転、セールスの分野で成功をおさめ、銀行口座には三百万円どころか、多額の預金を残したそうです。

それでも彼女は、新聞紙の札束を手放しませんでした。五年、十年と経過し、今では立派な自宅と別荘、高級外車を手にしています。そして、長年連れ添った旦那さんと大変仲良く暮らしています。

「今日の私があるのは、この新聞紙でつくった三百万円のおかげ」なのだと、彼女自身も語っています。そこに私がつけ加えたいのは、「あなたのすばらしい想像力と口ぐせの賜ですよ」ということです。

良い人生を選択する言葉

人生に選択はつきものです。生きていることの一瞬一瞬が、選択の連続で成り立っています。あなたも、過去にさまざまな選択をして生きてきました。学校、仕事、住まい、車、服装、休暇、友人、配偶者など。これから先も、あらゆることを選択し続けて生きていきます。

何を選ぶかは、物事や場合によって異なります。しかし、「私はこれが欲しい」「これこそ私の望んでいたものだ」と言って、肯定的な選択をし続けていると、未来はびっくりするほど明るいものになっていきます。

反対に、「これでいいや」「ロクなものがないけど、これにしておく」と、否定的な選択ばかりをしていると、次第にすべてがレベルダウンしていきます。選択した内容によってではなく、否定的な言葉を発したことにより、その通りの未来を導いてしまうからです。

「ビールでいい」と言うより「ビールが飲みたい」と言ったほうが、同じビールでもぐっとおいしくなります。

「今日は気分がいいから、あの人を訪ねてみよう」と言って出かけると、言った通りに気分よく一日を過ごせます。「本当は家で寝ていたいのに」と文句を言いながら出かけた先では、不本意な出来事ばかりが起こります。

常に肯定的で楽観的な心を保つために、口に出したほうが断然良い言葉があります。美しさ、新鮮さ、大きさ、やさしさ、親密さ、偉大さ、寛大さを感じさせる言葉の数々です。「今とても幸せだ」というひとことも、とても効き目があります。

それなのに、「昔は良かった」というのが口ぐせの人が大勢います。今よりも昔のほうが良かった……それは本当でしょうか。

現在を否定し、過去をよりどころとするのは容易です。しかし、その現在や未来をいかにすばらしいものに変えていくかの答えがありません。

否定していたはずの現在が過去になった時、やはり「昔は良かった」と言って懐かしむのでしょうか。それではどこまでいっても、幸せになる答えを見つけられません。「昔は良かった」と言うかわりに、「今とてもいい」「未来はもっと良くなる」という言葉を選択してください。

心のあり方を決定づけるものは、言葉です。言葉の持つ力とはたらきによって、心から「今が、未来が、より良くなる」と確信できるようになります。意識的に肯定的な言葉を選び、使っていくことは人生観や世界観までも変えていきます。

また特に、私たち日本人は意識して肯定語を選択していく必要があります。何故なら、自分のことをわざと卑下して、謙遜語で表現する習慣があるからです。

そのため、日常の会話に否定語が多くなってしまいます。自分を「凡夫」と言ったり、愛妻を「愚妻」と呼んだり、せっかく用意した贈り物を「つまらないものですが」と言ったりします。

これが行き過ぎると、否定語のシャワーを浴びているような状態になります。謙遜語も謙譲語も、常識の範囲内でごくあっさりとすませてしまうのが得策です。

また、「あの人は口は悪いが、腹はいいのよ」というものがあります。

要するに、口ほどに腹は悪くない、信用できる人物だと肯定しているつもりなのでしょうが、口が悪いという否定語が入っているために、せっかくの肯定も帳消しになってしまいます。

ここをしっかりと見極めて、本来の良い言葉だけを選択していってください。

本当の意味での肯定語とは、自分や周囲に起こる出来事を次々と良い方向に変えていけるものです。それを選択する力は、生きる力です。「考え方」「言葉」「自己像」、すべては選択の結果なのです。これらを「選択」とは思っていないことがほとんどなので、好ましくない現実に直面しても、なかなか方向転換することができないのです。

弱々しい人生を選ぶかわりに、自信に満ちた人生を選ぶべきです。

神経の休まることのない人生より、余裕のある人生を選ぶべきです。

困惑に満ちた人生より、方針ある人生を選ぶべきです。

自分のまわりの人たちを駄目にする人生ではなく、まわりの人に良い影響を与える人生を選ぶべきです。

人間は、どのように生きるかの選択の余地を与えられている存在です。人間は基本的に自由な存在である、とはそういう意味です。

私たちはさらに、偉大なる神経システム「自動目的達成装置」を使うことができます。それを正しく活用すれば、世の中に不可能なことなどありません。誰もが、望む人生を手に入れられます。

「良いことは長く続く」という考えを選びましょう。良いことは長続きしないという昔の誤った考えを使う必要はまったくありません。

人生は失敗してはいけません。一度きりです。私たちは、最高の結果を出すために生まれ、これからも生きていくのです。

第7章
気分を高揚させる言葉

そのひとことが瞬時にしてあなたを動かす

たったひとこと、それを口にしただけで瞬時に心と体を動かす言葉があります。「いいねえ」「すごいぞ」「よしっ」といった、「やる気の脳」にはたらきかける言葉です。

「私はとても愛されている」「大事に思われている」「周囲のみんなに慕われ、尊敬され、頼りにされている」という思いを言葉にするのも、それが大脳の側坐核というところに伝わり、「やる気の脳」を大いに刺激します。

「やる気」とは、大脳の膨大なシステムを利用して、前に進もうとする気分のことです。

「やる気の脳」は、「欲の脳」「表情・態度の脳」「記憶・学習・言語の脳」「好き嫌いの脳」など、すべての脳内組織と密接につながっています。それらすべてに命令を与えて動かす重要な部分ですが、「快感の神経」ともいわれるA10《テン》神経によって駆動されます。

つまり、やる気と快感は互いに結びつき、相乗効果を生み出しながら、脳全体の連携プレーをコントロールして、目的を達成していこうとするのです。

ですから、あなたにとって本当に楽しいこと、面白いこと、ぜひやってみたい、チャレンジしてみたいと強く望む「快」の内容だけが、「やる気の脳」に届きます。「快」の気分や言葉こそが、脳内システムを活性化させます。

あなたらしい「快」の言葉をどんどん見つけ、自分に語りかけてください。そして、人にも伝えてください。やる気と快感が、ますます増大していくこと間違いありません。

たとえば、美しいものに触れた時の感動を、「光っている」「華やか」「艶やか」「端正」「エレガント」「セクシー」など、たくさんの言葉によって表現できます。

新鮮なものを見つけたら、「いきいき」「ヴィヴィッド」「清新」「瑞々しい」「フレッシュ」「ヘルシー」など、あなたの感じたまま、思いにぴったりとくる言葉を探して口にしてください。

そのほか、「雄大だ」「ビッグだ」「堂々としている」「大当たり」「大いなる」「大スケール」「大助かり」「上でき」「大喜び」「おおらか」「大笑い」などというものもあります。言った人も耳にした人も、たちまち気分が高揚する言葉です。

「優しい」「温和」「穏やか」「柔和」「温厚」「順良」「こまやか」「心尽くし」「安らか」

「手厚い」「温かみ」「懇《ねんご》ろ」「慈悲深い」「睦まじい」「和やか」「親愛」なども、ぜひ使っていきたい日本語ならではのいい言葉です。

日常使う言葉を意識的に変えることは、それほど困難なことではありません。決心さえすれば、誰でも、いつでも、どこにいても実行できます。

ただし、いかに良い言葉を選択できるかは、語彙（ボキャブラリー）の豊富さにかかっています。たくさんの言葉を知っている人ほど想像力が豊かで、質の高いコミュニケーションができます。

アメリカのハーバード大学が行なった調査によると、事業を成功させた人々のほとんどは、たとえ小学校しか出ていなくとも、ハーバード大学の大学院一年生と同じ程度の語彙がありました。

事業で成功するには、新聞や専門誌を読みこなす力、情報を分析する力、物事を解釈・判断する力などが求められます。そうした力を養うためのさまざまな努力や経験により、彼らは豊富な語彙を形成していったのです。

そこで私がお勧めしたいのは、何といっても読書です。子ども時代や学生時代の読書は、一生の財産になります。語彙を増やし、想像空間を広げ、感動することを教えてくれます。

学校を卒業すると同時に本を読まなくなってしまう人もたくさんいますが、とても残念なことです。無事卒業して、これからはもう勉強しなくてもいいのだという解放感から、つい本を読むのが億劫になってしまうのです。

しかし、社会人になってからこそ、自分で自分を成長させるために、どんどん良書を読むべきです。読む前には知らなかった言葉や内容によって、語彙や知識を増やしていけます。言葉の使い方も磨いていけます。

人間は、言葉とともに人生を歩んでいきます。言葉次第で、どこまでも豊かに成長していくことができます。

やる気も、能力や才能も、科学によってアプローチできるものなのです。「私は人生に愛されている」と言ったのは、あのフランスの有名女優ジャンヌ・モローです。私たちもこれにならい、自分だけのすばらしい成功キーフレーズを持ちたいものです。

こうしたひとことは、「やる気の脳」を刺激するだけでなく、潜在能力を引き出す「発現遺伝子」のスイッチをＯＮにします。

瞬時にして自分を動かす、効果的なひとことを編み出しましょう。そして、脳の奥深くを活性化し、価値ある「発現遺伝子」をＯＮにしていきましょう。

どんな場合にも第一声は「これで良かった」

重大な危機や窮地に直面した時、人が最初に考える言葉は何か、最初に口にする言葉は何か。私はそれに注目し、大勢の体験者に尋ねてみたことがあります。

最も多かったのは、「何とかなる」「大丈夫だ」というもので、その言葉で自分を奮い立たせ、逆境を乗り越えることができたという答えが圧倒的でした。

いっぽうで、倒産や自己破産などに追い込まれるという悲劇的な結末を体験した人々に聞いたところでは、「もう無理だ」「私はできない」がトップでした。

否定的な言葉を発すると、脳は残酷にも、その意向に沿って、ただちに「できない理由」を山ほど探してきます。「できる」こともまだあるのに、見向きもせずに、できないデータばかりを集めてきます。その結果、「無理」「できない」は確定するに至るのです。

最初のひとことがあなたの脳を支配します。

どんな場合にも第一声は「これで良かった」という言葉が、自然と口をついて出てくるようになればしめたものです。

肯定的で楽天的な言葉を第一声として発すると、脳は「大丈夫なのだ」と理解し、「これで良かった理由」や「うまくいく方法」を次々と見つけ出してきます。

行動よりもまず言葉を変える、その理由がまさにこれです。

また、「これで良かった」のひとことで、ストレスをやっつけることができます。ストレスとは一種の恐怖です。常に恐怖心を抱き続けていると、グルココルチコイドというストレスホルモンが多量に分泌され、グリカゴンを活性化して、体に強いダメージを与えます。

「これで良かった」と口にすると、その言葉がきっかけとなってパニックや不安をおさめることができます。それまで全身を蝕んでいたストレスがスッと消え、活性化した脳が次の言葉を探し出してきます。それが、「何とかなる」「大丈夫、きっと解決できる」につながるのです。

次第に自信がわいてくると、苦境も苦境ではなくなります。「これも自分にプラスになることだ」「私に解決できないことは、私には起きない」「問題の解決策は、思いがけないところにあるはずだ」と楽観的に考えられるようになります。

こんな経験談があります。

かつて私は、フィリピンのマニラにあるシェラトンホテル内にクリニックを持っていたことがあります。日本と現地を頻繁に往復し、フィリピン航空にはすっかりお馴染みになっていました。

ある日のマニラからのフライトで、そろそろ台湾上空あたりかなと思って窓の外に目をやったところ、自分の乗った機が山脈すれすれに低空飛行していたとわかって肝をつぶしました。

機内放送があり、当機は二基あるエンジンのうち一基が稼働していないこと、そのため現在、片肺で飛行していること、十分な高度がとれないのでマニラ空港へ引き返す、などの情報が伝えられました。

それを聞いた乗客はみな、パニック寸前です。私も一瞬、これはこのまま山に突っ込んでしまうのではないかと恐怖を覚えました。しかし、騒いだところでどうにもなりません。「機長は確かに、引き返すとアナウンスしていた。これで良かった」と心に念じ、自分に強く言い聞かせていました。土壇場では、これがベストの方法です。

そんな私がやけに落ち着いて見えたのでしょう。近くの席に座っていたオランダ人の男性が、「お前は怖くないのか」と話しかけてきました。「エンジンが一基とまっているんだよ、大変なことなんだよ」と、まくしたてます。

私はとっさに、「大丈夫ですよ」と答えていました。自分のなかの不安を消そうと思ったら、不安な人をなだめて説得するのが最も効果的だと、その時すでに知っていたからです。「口ぐせの原理」を応用すると、そうなるのです。

そしてさらに、相手の顔をぐっと見つめ、「私は飛行機を操縦した経験がありますから、よくわかっています。この手の飛行機は片肺でもちゃんと飛ぶことができるのです」と、まんざら嘘でもない大ボラを吹きました。

飛行機の操縦は、一度だけ真似事のような経験がありました。しかし、よくわかっているとはいえません。それでも、実際にこの飛行機は片肺でも何とか飛んでいる。だから我々はみな大丈夫だ、そう思い込むことにしたのです。

するとそのオランダ人男性も、「えっ、本当？　それは良かった」と心を落ち着かせ、「ねえ、みんな聞いて。この人は飛行機について詳しいんですよ。安全のために戻るだけで、飛行にはまったく問題がないそうだ」と、大声で叫びました。

それまで席を立っていたほかの乗客たちも、自分の席に戻り、ひたすら安全を祈りながら窓の外をじっと眺めていました。誰もが、不安な気持ちを完全にはぬぐいきれません。それでも、パニックに陥ることなく、無事にマニラ空港へたどり着くことができたのです。

着陸と同時に大きな拍手が起こり、全員で喜び合ったことはいうまでもありません。

落ち込んだ時は元気のない人を励ます

「口ぐせの原理」とは、自分の言葉によって自分の人生をつくっていく、というものです。ですから、元気な人の言葉によって元気を分けてもらおう、というのとは違います。むしろその反対で、自分の言葉で元気をつくりだし、その元気を人にも受け取ってもらおうというものです。

世のなかには、これも「口ぐせの原理」の応用例と同じだな、と思えることがたくさんあります。

スポーツ競技の対抗試合では、「応援団」が活躍します。独特の発声法による太い声と節回しで「ガンバレーッ、ガンバレーッ」と、まさに汗まみれで選手たちに声援を送り、競技への闘争心や勝利への意欲をかきたてます。会場の雰囲気もひとしお盛り上がり、強い連帯意識を生み出していきます。

プロ野球やサッカーなどの試合でも、熱狂的なファンやサポーターと呼ばれる人々が盛んに応援合戦を繰り広げています。渾身の力をこめた、パワフルな言葉で選手にエールを送り、そうすることによって自分自身の気持ちもどんどんハイになっていき、ますます試合を楽しめるのです。

何かをを応援する人々というのは、とてもいい表情をしています。気持ちを明るく、良くする方法を知っているのです。「いいぞ、やったぞ」「その調子だ」、励ましの言葉、元気づける言葉、意欲をかきたてる言葉の使い方を知っているのです。そういう人は、どこへ行っても一目おかれる存在になります。

現に、都内にある某有名大学では、まず応援団のメンバーから就職先が決まっていきます。それほど企業に人気があり、また信頼もされているのです。

スポーツ選手が実践しているイメージトレーニングからも、多くのことを学べます。たとえば、棒高跳びの選手は、大きな弧を描いてしなる棒、その反動を利用して空中高く舞い上がる自分、軽々とバーを飛び越えようとしている自分の姿を、頭のなかにくっきりと思い描きます。

そうして、「自分はできる」と固く信じ、想像イメージと現実の自分の動きがぴったりと重なるよう目指します。これこそ、想像体験による目的達成です。

さて、もうひとつの話題です。

「ほめ言葉の御利益」については、第一章（25ページ）でお話ししました。ほめられた人ではなく、ほめた人のほうが美しくきれいになるという不思議な現象のことです。

鏡に向かって自分を美人だとほめ、まわりにいる人をほめまくることで、どんどん美人になっていけるというものです。

「あなたって、いつ見てもきれいね」「今日は一段と輝いてる」「若々しいし、すごくセンスがいいのね」「上品なセクシーさがある」「身のこなしがスポーティでカッコいい」「いきいきしてる」「ナチュラルでヘルシーな魅力を感じさせる」「そのドレス、とってもエレガント。あなたによく似合ってるわ」

こういう言葉は、女性も男性もどんどん使いましょう。会うたびに人をほめ、いい気分になりましょう。女性だけでなく男性に対しても、次のようなほめ言葉をどんどん使ってください。

「ひきしまった表情が素敵」「仕事ができそう」「ユーモアのセンスがある」「渋い大人の魅力がある」「笑顔が少年みたい」「きっと愛妻家ね、すごくやさしくて包容力がある」「誠実さがにじみ出ている」「スーツもカジュアルウェアも、何でも着こなす」

人をほめると、それだけで気分が上向いてきます。ほめ言葉が自分に返ってくるという、うれしいオマケもついてきます。

ほめられたほうの人にも、実は少しだけ御利益があります。ほめられた人が、そのほめ言葉を本気にした時です。御利益の割合は、ほめた人に七割、ほめられた人に三割といったところでしょう。

これを、何とか五分五分にできないものだろうかと言った人がいました。私はおかしくなって、吹き出してしまいました。

人がほめてくれたら、さらにほめ返すのがいちばんです。「いつもきれいね」「あら、あなたのほうこそ。肌がツヤツヤとして、まるで湯上がりみたいだわ」という具合にやるのです。

「そのブラウス、いいわね」とほめられたら、「あなたの着ているものも、とってもいいわ。コーディネートが上手ね」と、相手のほめ言葉よりさらにひとまわり大きくしてお返ししてください。

それが上手にできるようになると、自分への御利益の配分は五分五分どころか、六割、七割、八割と増えていきます。

私の人生を左右した決定的なひとこと

私は、北海道北見市郊外の農家の長男で、十七歳になるまでは、学校に行きながら父の仕事を手伝っていました。幼年期から少年期にかけては、まるで和製インディアンの男の子といったところです。野ウサギやキツネといった小動物を獲りたくて、雪山にトラップ（罠）をしかけて獲物を狙いました。

農場の中を流れている常呂川《ところがわ》でも、手作りの網でサケを獲り、大人たちをびっくりさせていました。こうした「狩り」と「農業体験」は、私の自己像の骨格ともなっています。

そして十六歳の頃、一冊の書物と出合ったことから、人生が大きく変わりはじめました。

その本とは、後に直木賞作家となり、「あゝ野麦峠」など名著を残した山本茂実の「生き抜く悩み」というものでした。哲学青年の独白的手記で、著者が早稲田大学在学中に執筆されたものです。そこに書かれている一言一句が、私にとっては大きな衝撃でした。夢中で読み進むうち、体が震え出したことをはっきりと覚えています。

早稲田の角帽をかぶった著者の写真も、強烈な印象として残っています。後年の私が早稲田大学に進学したのも、この時の体験が自己像形成の大きなターニングポイントとなったからに違いありません。そして翌年、私は農学校に進む決心をしました。多感な青年時代、さまざまな読書を通じて、猛烈な向学心に目覚めたのです。

しかし、後継ぎである長男が家を離れて進学するなどは考えられない出来事でした。卒業と同時に家業に戻ることを絶対条件に、ようやく親に認めてもらったほどです。ところが農学校を卒業すると、家業を継ぐどころか、今度は本格的に生化学を学ぶため大学に進みたいといい出したのです。これには、両親はじめ親族一同も大反対でした。

「下には弟や妹たちが控えている、お前がはたらかなくてどうするのだ」というわけです。

ただ幸いだったのは、当時はひとつの時代の変わり目でもあったことです。私が出た全校六百人の小学校からは、私がはじめての大学進学者となりましたが、農家からも大学に進学する者が徐々に増えつつある、そんな時代にさしかかっていたのです。

しばらくたって、とうとう折れた父は蔵から米を十二俵出して換金し、学費を用意してくれました。そして親戚中をまわり、

「うちには息子が四人もいるから、家に残りたいという者も一人くらいいるだろう。長男は、どうしても東京の大学で勉強したいといっている。親としては行かせてやりたい」

そう言って、まわりを説得してくれたのです。その上で私を呼び、こう告げました。

「お前は大学に行っても、役人にだけはなるな。約束だぞ」と。

「役人というものは、行き先が見え過ぎていて面白くない。どうせこんな渾沌とした時代だし、いつも親をドキドキさせるような、そんな世界を歩いてくれ」

というのが、父の私に対する唯一の要望でした。

そしてこれが、私の生涯を支配するひとことになるのです。

「ドキドキするような人生とは、常に夢や望みを抱いて生きることではないだろうか。好奇心を持ち、新しいことにチャレンジする意欲を持ち続けることではないだろうか」

私がそう考え、生きてこられたのも、父の言葉がきっかけとなっています。いつもワクワク、ドキドキ、夢中になって生きるうち、気がついたら七十歳を超えて、なお現役で、気力体力ともに充実している、それが現在の私の姿です。まだまだやりたいことがたくさんあり、それを実現できると信じているので、心も体もすでに未来へと飛んでいます。

「Growing Young」――若々しく年齢を重ねるということこそ、私のライフスタイルです。人は、夢を持ち続け、新しい夢を見続ける限り単に〝年〟をとることはないでしょう。

現在、父は九十五歳、母も九十歳になりますが、ともに元気で矍鑠《かくしゃく》としています。北海道の大自然に囲まれた、イギリス風のファームハウスにふたりで住んでいます。同じ敷地内に、弟が大勢の家族とともに暮らしています。

ある日、その父がポツリと娘に、つまり私の妹にこう語ったそうです。

「こんなに長生きできたのは、兄さん（私のこと）のおかげだ。兄さんがいなかったら、これほど長生きできなかった」

それを聞いていた妹は、その場で泣き出してしまったと言います。

「あまりに実感がこもっていて、泣けてきた。この感動を忘れないうちに、兄さんに伝えておくわね」と、電話で知らせてきてくれました。

「いつも親をドキドキさせるような、そんな世界を歩いてくれ」と言ったあの日のことを、父は忘れていなかったのだ、私にはすぐにそうわかりました。父にも、私の気持ちがよくわかっているはずです。

「ドキドキするような人生」――私たち父子の人生を左右した、決定的なひとことです。

第8章
家族や人間関係を良くする言葉

「夫婦喧嘩」怒りのメカニズム

辛い話や悲しい話をしていると、自分のことでなくとも辛く、悲しくなります。その反対に、喜びや、楽しさ嬉しさに満ちた話題は、語っているだけで気分が高揚し、ますます幸福感が深まります。

こうした反応について、マクセル・マルツという心理学者はこう説明しています。「自分が物事を解釈したように感情がつくられ、脳はその感情を読み取り、自らの人生にそれを表現していく」

それが彼の主張する「サイコサイバネティックス」という考え方で、直訳すると「心理制御」という意味になります。あなたがどんな言葉を発するかによって、喜怒哀楽の感情や行動までもが規定されていきます。この原理は、夫婦喧嘩の場合にも如実に表れます。

何故これほど腹立たしいのか、冷静に考えてみると、相手の言った言葉ではなく、自分の言った言葉のせいだと気がつきます。言わずに黙っていればおさまりがつくものを、言ったとたんに我慢できなくなり、くやし涙がとまらなくなる、そんなこともよくあります。

「悲しいから泣くのではない。泣くから悲しいのだ」

というのは、物理学者として出発し、ストレス学説を打ち立てたことで世界的に知られる、ハンス・セリエ博士の言葉です。

では、泣くのをやめ、笑顔をつくる努力をしたら、さてどうなるでしょう。

泣きたい気持ちはすっかり消えて、何故あれほど悲しかったのか、もはやわからなくなってきます。気持ちが晴れ晴れとしてきて、心からニッコリしたくなります。

泣きやまない子どもに向かって、よく大人たちが「はい、笑ってごらん、面白いよ、笑ってごらん」とやるのも、そうした原理を経験的に知っているからです。

なのに大人はどうして自分のこととなると、知恵をはたらかせられないのでしょう。それは夫婦喧嘩で怒りを発散させ、ストレス解消できると考えているからです。

しかし、そこには大きな落とし穴があります。夫婦喧嘩で本当のストレス解消はできない、むしろストレスはたまっていく、という事実に気づいてください。

相手をやり込めるような言葉をぶつけると、その場はスカッとしたような気になります。しかし、人が発した言葉はすべて自律神経系によって読み取られ、ダイレクトに当人に返ってきます。相手を罵倒したり、傷つけたりするような言葉を放つと、それを言った当人がいちばんダメージを受けるのです。

「本当にだらしがない」「稼ぎが悪い」「家でゴロゴロしてばかりいる」「面白みがない」「結婚しなけりゃ良かった」

こうした罵倒の言葉が少しでも事実に即しているなら、その後の現実はさらに悪化していきます。単なる言葉の綾だとしても、いった通りの現実を招く結果となります。悪態をついた当人までが言葉の通りに「だらしなく、稼ぎが悪く、家でゴロゴロしてばかりの、面白みがない人」になっていき、両者そろって「結婚しなけりゃ良かった」という事態になりかねません。

また、相手を非難していると、現実はますます欠点だらけのものになっていきます。「帰りが遅い」「家庭を顧みない」「無神経だ」「人の話を聞こうとしない」「すぐに怒る」「浮気ばかりしている」

そんな言葉を読み取った自律神経系は、言葉の内容に沿うような情報を集めにかかります。実際には正反対の事実があっても、それは無視してしまいます。つまり、言葉によって事実をねじ曲げて解釈し、揺るぎないものとして固定化する方向へ進んでいくのです。

その結果、「無神経で、人の話を聞こうとせず、すぐに怒る」人物ができあがり、

「家庭を顧みず、いつも遅く帰宅し、浮気ばかりしている」という、悲惨な現実が到来します。

相手の怒りを挑発するような言葉も、自分自身の怒りを挑発するだけです。怒りはさらに増幅し、ストレスはたまる一方となります。

「どうせ大したことはできやしない」「いつもその手で逃げようとする」「まったく駄目な人間だ」

こんな言葉も、まさに自分で自分に言っているようなものです。これで良い結果が得られるはずありません。

無用な夫婦喧嘩を避けるには、言われて嫌だと思う言葉を使わないことです。

「お仕事、きっとうまくいくわよ」「疲れたら休むといいわ」「あなたって面白い人ね」「結婚できて本当によかった」「今夜は早く帰ってきてね、御馳走をつくるから」「家庭は何より大事なもの」「家族がいてくれるから頑張れる」「神経質じゃないところが好き」「あれでなかなか話のツボをおさえている」「ふだん穏やかな人が怒るのだから、よほどのことだ。気をつけよう」「浮気なんてありえない」「いつか必ず大成する」

そう言い続けて暮らしていると、現実はその通りになっていきます。愛と感謝の言葉で心の平和を築いていくと、それまでの不満がみるみる好転していきます。

愛することは大吉、愛されることは小吉

恋愛、結婚、家庭、仕事、友人とのつきあい、これらはすべて人間関係によって成り立っています。人間関係が円滑に運べる人は、人生におけるたいていのことを、うまくやっていくことができます。

良い言葉やほめ言葉をかけていると、人との関わり方が根本的に良い方向へと変わっていきます。しかし、「いくら良い言葉をかけても相手に通じない」と言う人がいます。こんな時には、どうすべきでしょうか。

まず、相手が誰であろうと、どんな返事をしようと、大した問題ではないと気づいてください。要は、自分がどれだけ自分のために良い言葉を使っているかということです。

何故なら、自律神経系の機能が言葉の意味を読み取り、それを現実化していくのは、すべてあなた自身の人生においてだからです。心から真剣に相手をほめていると、その真剣さは自分に返ってきます。良い言葉やほめ言葉は、聞くよりも話したほうが効果は大きいのです。

良い言葉を使っていくには、良い言葉を選択する力を身につけることが大切です。選択の力は、次のような心がけにより高めていくことができます。

「楽天家であること」

「豊富な語彙」

「愛と感謝」

この三つです。ここでは、愛と感謝について少し突っ込んだ説明をしましょう。

愛には、さまざまな顔があります。親子の愛、兄弟姉妹の愛、家族や身内の者への愛、友人や仲間たちへの愛、男女の愛、自分自身への愛もあります。隣人愛、人類愛、動物や植物などに対して抱く愛、学びや仕事を愛する気持ち、芸術を愛したり、スポーツや冒険を愛する心など、その世界はどこまでも広がっていきます。

愛情というものは、私たち人間の欲求の中心であり、幸福感の絶対条件です。そして、エンドレスのものです。食欲や睡眠欲求などの基本的欲求と異なり、「これでもう十分だ、これ以上はいらない」ということがありません。

つまり、愛情は大切に育めば育むほど豊かに成長し、愛がもたらす幸福感というのも無限大だということです。

何かを愛したり、愛されていると感じる時、人間は快楽ホルモンのシャワーを浴びているような「快」の状態になります。緊張やストレス、不安が取り除かれ、心地よくリラックスした状態へと導かれます。

愛のあるところには必ず、感謝もあります。このふたつは分かちがたく結びついて、心と体の平静を守っています。

そして、ここが重要な点ですが、「愛することは大吉、愛されることは小吉」なのです。「いつも人に親切にしている人は大吉、人に親切にされている人は小吉」です。人を愛し、その人のために心をこめて何かをしてあげ、心からの感謝を受ける時にふつふつとわく充足感こそ、最大の幸福感をもたらします。この時、体内の快楽ホルモンも最大値となり、そのピーク状態を更新し続けていきます。

しかし、私たちは日常、愛や感謝を言葉で表すことが少ないと思いませんか。何でも欧米スタイルが良いとは申しませんが、ぜひ見習いたい習慣があります。

彼らは常に「サンク・ゴッド／神よ、ありがとうございます」と、日常用語として使っています。人間に対しても「サンキュー」と、一日に何十回となく言って暮らしています。

愛情表現についても同じです。「大好き」「愛しているよ」と、恋人に対してだけでなく、家族、友人に向けてもごく自然に口にします。お気に入りのパンケーキに対してさえ、「I Love This／これ大好き」と、「Love」を連発しています。愛や感謝の言葉を慣用句として日常に取り入れ、習慣として活かしているのです。

私たちも、「大好き」「ありがとう」とすいすい言えるようになれるはずです。

一日の感謝のはじまりは、「また新しい一日を迎えることができてありがとうございます。今日も頑張ります」です。日中の愛と感謝は、多くは対人関係に見出せます。「うちの家族はみんないい」「我が家は最高だ」「お母さんの味、大好き」「美人に生んでくれて、ありがとう」「好きな仕事ができるのは、何よりの幸せだ」「いい仲間、いい取引先に恵まれて本当に感謝している」「私の大好きないちばんの親友を連れていく」「最高にいい人ね、私も好きだわ」「手伝ってくれて、どうもありがとう」「お酒がおいしい、ありがとう」「最高の一日だった、ありがとう」

何気ない日常もよく見回せば、愛と感謝の連続です。「愛と感謝は相性がいい」「愛は長続きする、そして幸福も長続きする」、そうした考えで良い言葉を選択する人にこそ、すばらしい人生が開けてきます。

すべてをハッピーな言葉で結んでいく

「ありがとう」とか「とても助かった」と、感謝を言葉で伝える習慣は、すべての人間関係を良くしていきます。

しかし、家族や友人、恋人、仕事仲間など、自分にとって身近な存在ほど、その言葉がかけにくいという人もいます。

最初のうちは、自分をけしかけるようにしないと、なかなかスムーズに良い言葉が出てこないかもしれません。しかし、「ありがとう」と言われて気を悪くする人はいません。どうぞ安心して、そして率先して、良い言葉の習慣を定着させていってください。

我が家では、「家庭共和国」というコンセプトを考え出し、家族全員が協力し合って〝いえづくり〟をしています。

私も妻も子どもたちも、それぞれの考え方や行動の哲学を持って生きています。そうした個別の存在であることを認めあう、というのが「家庭共和国」の基本です。誰かが誰かに従うという主従関係ではなく、お互いを大事にして尊重しあう共同和合関係です。

少なくとも一日に一回は、お礼の言葉をかけあっています。「ありがとう」「ご苦労さん」という労いの言葉が、自然と口をついて出てきます。

どんなことがあっても、お互いに相手の面子をつぶさない、相手の顔を立てるような言葉を使うよう意識してやってきた結果、もはやそれが当たり前のこととなっています。

「忙しいのに、よくやってくれている」「誰々さんが、こう言ってほめていたよ」、そんな会話もしょっちゅうです。

私はまた、家で過ごす時には、よく独り言を言っています。いちばんよく言うのは「よっし、やるぞ」です。勢いをつけて、温かみを感じさせる調子で、自分に向かって言うのです。そばに家族の誰かがいる時には、家族たちにもそれを聞いてもらっています。

お茶を飲んで「よっし、やるぞ」、何もしない時でも「よっし、やるぞ」とやっていると、何事もとても快調に進むのです。

自分に話しかけるということは、自分の脳と仲良くすることです。その効果は絶大です。常に「発現遺伝子」「勝ち組遺伝子」をＯＮにしておくことができます。

朝起きての第一声はたいてい、「よく眠れた、気分も体調も抜群だ」というものです。本当にいい気分で目覚める毎日なので、これからはじまる一日に対して何かしら良い言葉をかけてやりたくなり、「今日もいいことがありそうな予感がするぞ」と言うのも、好んで日課としています。

実際にいい予感があるかないかは大した問題ではありません。「いい予感がする」と声に出して言うことが肝心なのです。すると、言った本人がそれを忘れてしまっても、「いい予感とは何のことだろう」と脳が考え続け、いい答えを探し出してきてくれます。

これは、脳のメンテナンスにもとても効き目があります。脳内の毛細血管を広げて血行を良くし、ストレスを解消させます。その効果により、やる気をどんどん高めてくれるのです。そして、ベータエンドルフィンなどの快楽ホルモンが分泌され、免疫力の蓄えを増やします。

人間の心と体の健康状態は、快楽ホルモンとストレスホルモンのバランスで決まります。人生が充実してうまくいっている人はみな、快楽ホルモンを上手に引き出し、その恩恵にあずかっています。

毎日の他愛もないことをすべてハッピーな言葉で結んでいく。これが私の好む生活スタイルです。仕事の場面でも、ハッピーな言葉だけで十分コミュニケーションができます。

「そのアイデア、すごくいいねえ」「これなら必ずうまくいくね」「成功間違いなしだ」と、本気でそう思うことばかりなので、その感動を言葉に託して相手に差し出します。

それが、さらに周囲を動かしていくのです。次に会った時には、もっとすばらしいアイデア、企画プランが誕生していて、私のほうが驚くくらいです。

前向きに「いい仕事をしよう」と言葉に出していると、現実にいい仕事にめぐり合い、魅力ある人たちと触れあう結果へとつながっていきます。

仕事とは、そうしためぐり合いをつくるステージであり、そこで達成する仕事というのは、第一級の遊びに匹敵するほど楽しいものだと、私は実感しています。

感動を人に語り「話の達人」になる

少年の頃から私は、よく友人たちに「お前は本を一冊読むと十冊分しゃべる」と言われたものです。読書の感動や、新しい発見について、人に伝えずにいられないのです。

今でもこのクセは濃厚に残っています。そして、私はこのクセを「持っていて本当に良かったな」と思っています。

新たな発見や感動を人に語ることで、私はもう一度そのすばらしさを味わうことができるからなのです。そしてそれが脳を活性化し、若々しく前向きにはたらく元気な脳をつくってくれます。

ほかにも、良いことがたくさんあります。

本を読んだおかげで、読む前には知らなかった言葉や内容の深さを、自分のものとして話せる機会に恵まれることです。最初は著者からもらった語彙も、何人かに話すうち、完全に自分のものとすることができます。

豊富な語彙を持ち、言葉を自在に操れることは、人間にとって大きな快感のひとつです。考えをまとめたり、より豊かな発想や想像力を引き出したり、他者とのコミュニケーションも円滑に図れるようになります。

言葉は大きな財産です。言葉に対する理解を深めることは、人生をより実り豊かなものにするのに役立ちます。

ここでは、私が「外語／外語機能」「内語／内語機能」と呼んでいる、二種類の言葉群とその機能について説明しましょう。

外語機能というのは、コミュニケーション媒体として外に向かう役割をはたします。自分と相手との意思伝達を図る記号のようなもの、と考えてください。

身近な例では、道を聞かれて説明する際など、正確に指示を与える表現として、私たちは外語機能を駆使しています。

「駅前の交差点を渡って右折し、三つ目の信号を左折、そこから五十メートルほど行くと郵便ポストがあるので、その路地をまっすぐに……」

というのが、外語機能を使った表現です。

数学や物理学のような教科書も、おおむね外語で書かれています。新聞、テレビなどのニュースも基本的には外語で、出来事を正確に伝えます。

外語機能は、さまざまな情報を自分の内部に記録するはたらきもします。これを、

「記憶の明確化」と言います。明確に記憶された内容は、自律神経系を通じて欲求の充足や希望の実現へと作用します。たとえば、

「スペイン風のパティオがある、一億二千万円の六ＬＤＫの邸宅」

「数寄屋造りの純和風建築で、二百坪の庭園を持つ三億円の物件」

「夏は南仏のコートダジュールで、冬はドーヴィルの海岸でリゾートを楽しむヴァカンス」

「二月の節分祭に合わせて、京都の八坂神社付近の旅館に宿泊」

など、明確に記憶された情報を頭のなかで繰り返し唱え、想像体験としてイメージし続けていると、それを現実のものにしようと自動目的達成装置が動き出します。

これに対して、内語機能は、内に向かって感性にはたらきかける役割をはたします。

「美しい」「楽しい」「新鮮」「大きい」などの言葉により、私たちが「感情」「感覚」「情緒」と呼んでいる意識の内容をつくりだします。

一方、内語機能によって形づくられた意識も、私たちの欲求の充足に大きく関わってきます。たとえば、

「美しい日の出を眺めながら、新鮮な空気を胸いっぱいに吸ってみたい。富士山のように大きな山に登ったら、さぞ楽しい一日が過ごせるだろうなあ」

という夢を思い描くと、言葉によって生み出された感覚や感情によって、リアルな想像体験をすることができます。それが自動目的達成装置に伝わると、夢の達成へ向けて脳のシステムが動きはじめます。

外語機能は人間の適応行動に強く作用し、内語機能は主として創造行動に大きく影響を与えるという特徴もあります。

外語機能と内語機能、このふたつの機能の使用頻度がどちらか一方に偏り過ぎると、私たちは人間として本来持っている精神バランスを崩します。

外語ばかり使って話していると、会話の内容がどこか無味乾燥になります。いっぽう、内語に偏重すると、感情過多になります。

外語と内語の両方をバランス良く、状況に応じて使い分けることが必要です。それには、意識的に言葉に親しみ、語彙を増やしていくことです。

「あの人の話はとてもわかりやすい」「思わず身を乗り出してしまうほど、面白い話ができる」「ありありと情景が浮かぶようだ」「とても実感がこもっていて、感動した」など、人に喜んで話を聞いてもらえるような、「話の達人」になっていきましょう。

第9章

仕事や事業を成功に導く言葉

危険な積極思考をやめ、楽天思考でいく

今から三十年以上も前のアメリカでは、意識やストレスに関する科学的研究が進み、一般向けの書物も盛んに出版されて、大きな注目を集めました。

研究はさらに進み、「何事も前向きにとらえ、やる気に満ちて物事に当たると、自己の限界を超えてそれまで以上の大きなことを成し遂げられる」という事実が実証されるようになりました。

その情報は間もなく日本にも上陸し、アメリカ発の成功哲学「積極思考」というように少し形を変え、ビジネス界を中心に広まっていきました。

ここでちょっと注意を促しておきたいのは、「プラス思考」と「積極思考」は、微妙にそのコンセプトが異なることです。

「プラス思考」とは、物事を肯定的にとらえて前向きに生きていくことです。「積極思考」のほうは、ポジティブであることは好ましいのですが、ややもすると攻撃的になってしまうきらいがあります。行き過ぎた「積極思考」の弊害に気づかずにいると、やがては健康を損ない、寿命を縮めてしまう恐れがあります。

「めげるな！」「頑張れ！」「もっとやれる！」と積極思考するばかりの生き方では、当然のごとく、人は強いストレス下に置かれます。成功しなかったらどうしようと、不安や心配も増していきます。

すると体調を崩しやすくなり、病気にかかる危険性が増大するなど、体に大きなダメージを与えるのです。

また、強度のストレスや不安、心配がある状態で病気にかかると、回復力が弱くなります。それは明らかに、インターロイキン—2という免疫ホルモンの産生が低下しているからです。

若い時には、少々のストレスでも打ち勝つだけの免疫力があります。多少の無理が、逆にストレスに対する抵抗力をつけることもあります。問題なのは、中高年になって免疫ホルモンが減少するような心的状態をつくってしまうことです。中高年の方を強度のストレス下にさらすことは、大きな危険が伴います。

大脳は思考するためのエネルギーとして、ＰＯＭＣというタンパク質のアミノ酸を使っています。不安や心配、ストレス下では、ＰＯＭＣの分解物はアドレナリン、グルココルチコイドというストレスホルモンになります。このふたつのストレスホルモンのうち、より厄介なのがグルココルチコイドです。

グルココルチコイドは肝臓のグルコガンというホルモンの分泌を促し、それが肝臓に蓄えてあったグリコーゲンをぶどう糖に分解し、血中に放出します。すると血糖値が上がり、ストレスという危機状態から脱出するエネルギー源として用意されます。

このような高血糖状態が続く結果、中高年の成人病といわれる糖尿病を誘発することになります。また、グルココルチコイドをのさばらせておくと、タンパク質を侵食し、筋肉を蝕んで、やがて神経系がやられていき、皮膚の老化を進行させます。

そこでお勧めしたいのは、「積極思考」の一歩先をいく「楽天思考」です。「積極思考」は、目的達成のためには手段を選ばずといった、犠牲をいとわないやり方を招きがちですが、一方で、「楽天思考」は免疫力の蓄えをどんどん増やし、健康な心と体で実に楽々と大きなことを成し遂げられるという点です。

がむしゃらに目的を達成しようとするのではなく、少々失敗があっても揺るがない自信と安定感を持つべきです。たとえば、

「自分が興味を持つことや、学んできたことを活かす仕事で成功しよう」

「自分の価値は、会社での地位や順位などでは決まらない」

といった肯定的で楽天的な口ぐせを使いましょう。結果として、自分だけでなく周囲にも幸福をもたらしながら、スケールの大きい人生を歩んでいくことができます。

健康で成功する人はみな楽天家

私は栄養生化学者として、長年にわたって人間の体や健康のあり方を追究してきました。また、心理的な側面についての勉強を重ね、数多くの臨床例に触れてきました。

そうした歩みのなかで得た確信のひとつが、

「健康で長生きをする成功者はみな楽天家である」

ということです。

楽天的な人というのは、明るく、やさしく、陽気な笑いに満ちています。過去の良い思い出や、未来への希望を言葉にすることができます。どんな場合も肯定的かつ前向きなので、不安や後悔など寄せつけません。いつも「快」そのものの状態で生きています。

「大会社の社長になり、ビルの最上階に社長室をつくって、そこに座る」という夢を実現したM氏（80ページ）も、実に大らかで楽天家です。

ビジネスの現場における彼の口ぐせは、どんな状況であれ、まず「すばらしいですね」というものです。それを聞いた人のなかには、場違いな発言と受けとめる人もいますが、M氏はいっこうに気にしていません。「すばらしい」と口にすることで、実際に「すばらしい」状況をつくり出してしまうのです。

このような楽天的な口ぐせは、どんな苦境をも耐えぬく力を養います。困難を克服した時のことをイメージすることで、ストレスに対する忍耐力や持久力を高めていけます。

楽天的な人というのはまた、感受性が豊かで、深く心に響いてくるような、質の高い音楽や文学に親しんでいます。語彙が豊かで、夢や感動を人に伝えることが上手です。他者の楽天的な夢や希望、ロマンについて話を聞くことも好きです。

楽天的な夢を抱くと、それに後押しされた行動ができるようになります。夢を抱くことにより、いきいきとした代謝リズムをもたらし、体中の細胞を喜ばせます。

本気で望み、想像体験として未来の姿が視覚化されると、脳内の自動目的達成装置がONになります。

不可能と思えたことも不可能でなくなり、実際に実現の可能性が限りなく高まっていきます。

ですから、M氏のように「将来はきっと大会社の社長になる」と楽天的に考えられるのは、とてもいいことなのです。実現の可能性がゼロでないなら、どれほど大きな望みも大き過ぎて困るということはありません。何故なら人は「実現不可能な望みは決して抱かない」からです。

しかし、ちょっとでも心の奥底に「駄目だ」という思いがある場合は、むなしい気持ちが残るだけです。

つまり、楽天的に大きく構えるほど、仕事も事業もうまくいくようになっていくということなのです。

あなたの仕事観は、どのようなものでしょう。

「生活のために仕方なく、嫌々会社に通っている」

「与えられた仕事だけをしていればいい」

もしもそんな悲観的な意識を持っているなら、思い切って楽天的な発想に切り替えるべきです。

「仕事は自分を成長させるための媒体、人との出会いや出来事を楽しみながら経済力をつけていくものだ」というように、仕事そのものに対する意識を変えてみてください。必ず、大きな発展のチャンスに恵まれるはずです。

「楽天的に抱いた夢や望みほど、楽々と達成される」というのは、心と体の両面から科学的に実証されている事実です。そこで、誰もが楽天家になれる良い方法を指南しましょう。
次の三つの「楽天思考の法則」を頭にたたき込んでください。

楽天思考の法則1　自分に起きることは、いかなることも自分にプラスになることである。

楽天思考の法則2　自分に起きることは、いかなることでも自分で解決できることである。

（自分に解決できないことは、自分には起きない）

楽天思考の法則3　自分に起きた問題の解決策は、思いがけない方角からやってくる。

（だから、今お手上げ状態でも決してめげてはならない）

悲観的な思考に陥りそうになったら、以上の三つを実際に口に出して言ってみてください。たちまち元気が出て、楽天的ないい気分になれます。強い自信と安定感を持てるようになり、「健康」「長寿」「成功」への道を、自然と歩んでいけるようになります。

謙譲の美徳より「有言実行」

仕事で成功する人は、たいていほめ上手です。ほめられて悪い気がする人はいませんし、部下にやる気を起こさせるには、ほめることがとても有効です。

しかし、言葉が考えをつくり、ひいては人生を支配していくという「口ぐせの原理」を真に理解するなら、人をほめる言葉や励ます言葉は、何より自分自身に良い効果をもたらすという事実に気がつくはずです。

それがわかると、他者に対してかける言葉が、ぐんと違った意味を持ってきます。まず否定しておいてから相手をほめたり、いい加減な気持ちで励ましたりしても、実は何の役にも立たないものだと実感できるようになります。

「見かけは悪いが案外真面目だ」

あるいは、

「実務では使い物にならないが営業のセンスはある」

これでは、せっかくのほめ言葉も効力が半減してしまいます。

それだけならまだしも、「見かけの悪さ」「実務での不手際」といったマイナス面は、言葉によって固定化され、改善される望みが薄くなります。言った当人も、言葉通りの人物になっていく危険があります。

「実は真面目な男だとわかって見直した」、これでもまだどこかスッキリとしません。「営業のセンスはいい。その調子で実務も頑張ってほしい」というのも、いかにもどっちつかずでインパクトに欠けます。

思い切って良いところだけに焦点をしぼり、「彼はとても真面目で信頼できる人物だ」とするのがベストです。「営業のセンスがいい。今後の活躍に期待している」と、強く後押しする言葉も抜群の効力を発揮します。

また、消極的な言い回しも、一度癖になると改めるのに苦労します。

「まあ、できるだけ頑張ってみてよ」「前向きに検討してくれ」「もしうまくいけば私も助かる」というような、あいまいな表現はかえってマイナスです。

同じ激励するなら、「我々ならできる。必ずいい結果を出せるから前向きに取り組もう」と言えば、脳がぐんぐん活性化してきます。具体的な解決策が浮かびやすくなり、疲れもどこかに吹き飛んでしまいます。

言葉を発する本人がどれほど強く良い結果を望んでいるか、どれほど良い言葉を使っていけるかで、その後の展開が大きく違ってくるのです。仕事や人生で成功している人の多くは、「謙譲の美徳より『有言実行』」をモットーにしています。謙遜して言葉を控えたり、「不言実行」こそが良いとされてきた風潮の逆をいくのです。

「成功への強い意志を持ち、常に目標を目指して努力することはもちろん重要だ。しかしそれ以上に、目的を達成した姿を思い描き、その喜びを人にも話すと、ますますやる気が起きてくる」

「誰かに聞いてもらうことで、本当に実現できるのだという気持ちになれる。何をどうすべきか、よりはっきりと見えてくる」

「考えを言葉にすることは、何よりも自分に対して決意を固めることになる」

多くの成功者がそう語っています。現状はどうあれ、臆せずに将来の目標を言葉にしながら実行していくのが、「有言実行」という新しいスタイルなのです。

肯定的な意思決定は、脳細胞を活性化し、必ず最良の結果をつくり出します。

明確な目標や目的を持つだけでなく、それを言葉にしていくと、より強力に脳を最大限に刺激します。「これで良かった」という脳へのメッセージは「快」の信号です。脳は全開で、最大限の結果を導くために動き出します。言葉そのものが前進的で、立ちふさがる壁を突き破る力を持っているからです。ですから、途中で何があっても、「私はツイている。人生は順風満帆だ」

「日一日と良くなっていく。明日が楽しみだ」

「大きな望みを達成するのは、やりがいがある」

と肯定的な言葉を発信し続けてください。

「いい仕事に恵まれ、どんどん成果を上げていく」

「さらに大きな仕事が舞い込み、大きな発展につながっていく」

「自分とともに、周囲の人もさらに幸せになっていく」

その強力なメッセージが続く限り、脳は前進することをやめません。いい結果を出すために必要な情報を次々と集め、最高のコンディションで活用できるよう、あらゆる下準備を整えていきます。

そして機が熟し、あなたがその情報を有効に活かし切ると、脳はさらなるステップアップへ向けて前進し続けます。新たな情報の収集、行動のコントロールなど、脳はまさにフル回転し、目的達成へ向けて着々と現実を動かしていくのです。

物事を大きく考えて表現しよう

「大きな業績を残す人間は、人の何倍も働いたからではない。大きな結果を考えたからだ」

これは、ダビッド・J・シュワルツという人が、『大きく考えることの魔術』（実務教育出版）という著作のなかで書いている言葉です。

物事を大きく考え、表現できることは、成功者に欠かせない才能のひとつです。大きな成功をおさめるには、できるだけ大きな欲望を持ち、本気で達成しようと考えることです。

日頃何気なく使っている文明の利器も、それが実体として姿を現す以前は、それをつくりたいと考える発明家の頭のなかの、ひとつの考えに過ぎませんでした。

たとえば、電話という通信システムは、ベルというひとりの男の頭のなかだけにあったものです。電球はエジソンの頭にひらめいた考えから生み出され、大型芝刈機はマコーミックという男の頭に浮かんだアイデアがもとになっています。

アメリカの大実業家、ジョン・D・ロックフェラーも無一文の時代に「やがて億万長者になる」と宣言し、その大きな考えを実現しました。

同じくアメリカの自動車王、ヘンリー・フォードも、大きな夢や希望、期待を持つことを何より重視した人物でした。こんな有名なエピソードがあります。

あるラジオ番組で、司会者がヘンリー・フォードに、次のような質問をします。

「あなたはアメリカを代表する大富豪です。では、アメリカでいちばん頭のいい男は誰だか知っていますか」

「さあ、いったい誰です？」

「全米のクイズ番組でチャンピオンになった男ですよ。もしこの男を雇うとしたら、あなたならいくらの給料を払いますか」

するとフォードは少し考えてから、「百科事典の値段と同じだけの給料、つまり二十五ドルか三十ドル」と、ウィットに富んだ答えを返しました。

驚いた司会者が、「それでは、どんな男になら高い給料を払うのか」と重ねて聞くと、フォードは即座に、

「私より大きな欲望を持っていて、問題をすばやく解決する能力のある男。そういう男になら、私より高い給料を払いますよ」

と言ったというのです。

フォードが言った「大きな欲望を持った男」というのは、大きな夢や希望、期待を持てる男という意味です。どうしたらそうなれるのかというと、できるだけ大きな発想を口に出していうことなのです。

好運なことに私は、ビジネスの世界に飛び込んだ当初から、大きなスケールで物事を考えるという、とても良い癖をつける環境に恵まれました。

そうしたチャンスを与えてくれたのは、ジャック・アマダという名の日系アメリカ人のビジネスマンでした。すでに実業家としてアメリカで成功をおさめていた彼は、光学機器などを日本で製造し、アメリカに輸出するという仕事をはじめようとしていました。

その日本サイドでの仕事を進めるために、当時外資系企業の仕事をやめて、二年契約で秋田大学の講師をしていた私に白羽の矢が立ったのです。

アメリカへ渡ってみてまず驚いたのは、オフィスのイメージが日本とはまったく異なることでした。四十年近く昔のことなのに、若い美人の秘書が真っ赤なカマロに乗ってオフィスにやってくるのです。そして、みな非常に朝早くから出社して、実にエネルギッシュに仕事をこなしていました。

ミネアポリス郊外にあるボスの家に招かれた時も、相当なカルチャーショックを受けました。何しろ家にたどりつくまでに林のなかを通り、カモの泳いでいる池を通過しなければなりません。はじめ私は、公園かなと思っていたくらいです。

するとその林も池も含めてボスの家だというのです。家という概念も日本とはまるで違うことに、あらためて驚きました。

そしてやっと家につくと、今度は、映画に出てくるようなゴージャスな生活空間が広がっているのです。こういう家に住まないと、世界を股にかけるような大きな仕事はできないのだ、大きな仕事をするからには、こういうビッグな背景があるのだということを目の当たりにして、強烈な刺激を受けました。

こうした実体験が、仕事や生活をイメージする際の私の原点となりました。

「大きな欲望、大きな考えを持ち、大きな成功をおさめる」、それがアメリカでのビジネス体験により教えられた成功哲学です。

第10章
文章にすること、朗読すること

人生で達成したい目的・目標を文章にする

言語は、思考や行動の源です。私たちが何かについて決定したり、その通りに行動できるのも、最初に言葉によって考えをまとめ、行動プログラムを組み立てているからです。

本書ではこれまでに、さまざまな話し言葉の例を見てきました。気分や体調を左右する言葉、その後の人生を決定づける言葉、否定的な口ぐせを肯定的に言い換える方法、愛情表現、感謝の言葉、脳を活性化する言葉などです。

ここからは、言葉の文章化と朗読について考えていきます。話すこと、聞くこと、読むこと、書くこと、朗読すること、この五つの能力をバランス良く身につけて、理想的な言語習慣を形成していきましょう。そして、人生で達成したい夢や目的・目標をひとつずつ確実にかなえていきましょう。

文章化の最大の効用は、自分の思考がどのようなプロセスをへて形成されるか知ることができる点です。文章にするというと、「考えを頭のなかでまとめて、それから書く」と思われがちですが、実はその反対です。実際は「書くことが考えること」になっています。

ですから、文章化の訓練は非常に効果的な頭のトレーニングになり、思考能力を高めます。頭のなかだけで考えをまとめることもできますが、文章にしながら考えをまとめると、さらにハイレベルな地点へ到達することができます。

ここでは、こうありたいと思う理想の自己像、将来の目標、欲しいもの、やってみたいことなどをすべて書き出す作業をしてみてください。それをさらに発展させて、文章にしてみましょう。たとえば、こんな具合です。

◆「一年後、私は今つきあっている彼と結婚をする。

都内の人気フランス料理店でレストランウエディングを挙げ、オーストラリア七日間のハネムーンに出かける。

南半球の冬は日本と違って温かいから、十一月か十二月あたりにできたら最高だと思う。

ふたりの新居は、通勤を考えて横浜あたりに決めたいな。

何もかも新しく買いそろえて、快適な新生活をスタートさせたい。

私は、結婚後もしばらくは仕事を続けるつもり。

だけど、毎日の料理は手抜きせずにきちんとこなそう。

仲間を大勢呼んで、ホームパーティも開きたい」

◆「今勤めている会社から独立して、自分だけの法律事務所を開きたい。ビジネスモデルの特許申請や、電子商取り引きの法律相談、マネージメントなどを専門に取り扱うつもりだ。

会社在籍中に築いた幅広い人脈を有効に活用しよう。事業プランに賛同し、協力してくれる人がきっといるはずだ。

目標とする年収は二千万円。複数の企業と顧問契約を結び、安定した収益を確保することが最も望ましい」

◆「定年後は、妻とふたりで気楽な生活を送りたい。

その頃には子どもたちもそれぞれ独立しているだろうから、この家を売ってマンションに買い替えてもいい。

できるだけ交通の便利なところに住み、美術展や映画を観たあとでゆっくり食事やお酒を楽しめるようにしたい。

また、以前から頼まれていた同窓会の幹事役を引き受け、毎年一度のペースで同窓会を開いていきたい」

＊　＊　＊

いかがです、あなたも人生で達成したい目的・目標を文章化することができましたか。

書くという行為は、大脳の前頭葉という組織が司っています。前頭葉が想像したり考えたりした結果が、文章という形になって残されるのです。そこに綴られている夢や望みは、自律神経系を介して現実の出来事として受けとめられます。書いていて体が熱くなったり、胸が高鳴ったりというように、体内にさまざまな生化学反応を引き起こしたら、それは、今想像体験をしているよという証拠です。

これだ、と思うものが書き上がったら、今度はそれを声に出して読んでみてください。はっきりとした夢やビジョンを朗読すると、決意がいっそう固まります。夢がすでに実現した時の心的状態を、よりリアルに想像体験することができます。

さらに、これがいちばん肝心なところですが、脳がメッセージの内容を受け取りやすくなり、自動目的達成装置を最高の状態に持っていけるのです。

人間は、頭のなかで考える通りの人生を歩みます。なかでも作家は、頭のなかで考え、文章化した通りの人生を歩む場合がとても多いのです。作家自身と作品中の登場人物がよく似ているのは、言葉による想像体験と自動目的達成装置のなせるわざです。

夢の「未来日記」を現在形で書く

夢や望みがすべてかなえられたという前提に立ち、「未来日記」を記すという方法もあります。

これは、今日という現実に起きた出来事を記録する通常の日記と違って、あなた自身が理想の未来を先取りして書くというものです。「未来日記」という言葉の響きから、すべて未来形の言葉で綴っていくものと連想しがちです。たとえば、

「明日、私は彼にプロポーズされるだろう」

「一年後の私は、結婚して新しい名字に変わっているだろう」

というようにです。

しかし、何年先のことであっても、すべて現在形の言葉で書いてください。

「いつか、こうなったら」「うまく事が運んだら」というような条件つきの未来ではなく、「私はこうします」「私はこうなります」というように書いてください。「if／もしも」をなくすと人生のハシゴを十段上に昇っていける、という話をしました。それとまったく同じことを、文章の上でも実践するのです。あくまで現在形で書くと

いうところがポイントです。

さあ、あなたが強く心に思い描いた夢や望みは、すべて無条件で達成されたという前提に立ってスタートしましょう。そこでの毎日の暮らしは、どのようなものだと考えますか。頭に浮かぶイメージを、できるだけ具体的に書き表してください。

書き方のスタイルは自由です。

わかりやすくするために少々ヒントを挙げるなら、ある特定の一日の様子を綴ってもいいし、一週間の変化をまとめて記してみるのも面白いでしょう。一年間を一つのサイクルとして、季節ごとの生活のあり方を細かく考えながら書いていくと、ちょっとした年間計画をつくることもできます。

また、こんな風にクリスマスを過ごしたいとか、理想的なお誕生日の過ごし方といったように、テーマを決めて書いていく方法もお勧めです。ドラマの脚本でも書くようなつもりで、あなたという主人公を中心にどんな出来事が繰り広げられるのか、さまざまなシーンを書き綴ってください。

書き方の一例として、私の一週間の生活スタイルを「未来日記」として習作してみました。ぜひ参考にしてください。

月曜▼朝六時起床。空は快晴。自宅からすばらしい海辺の景色を眺めながら、ミネラルウォーターで喉を潤す。毎朝の日課である約三十分のジョギングに出る。シャワーを浴び、ゆっくりと朝食。自宅内にあるオフィスで、新聞数紙、情報誌などに目を通す。十時、秘書嬢が出勤。スケジュールその他について打ち合わせをする。今日は、夕方から講演の予定が入っている。テーマは「八十歳現役という生き方」。すでにまとめてある資料を再度チェックし、万全の準備をして出かける。

火曜▼午前中、取材インタビューに応対。訪ねてきてくれた編集者やカメラマンと一緒に、近くのイタリア料理店でランチをとる。午後から夕方まで、集中して執筆。日没とともに頭を切り替え、赤ワインを一杯。妻が用意してくれたディナーを楽しみながら、子どもたちや友人たちの話題に花を咲かせる。

水曜▼取材調査のため、担当編集者を伴って外出。秘書嬢がしっかりと留守を預かっていてくれるので、安心してオフィスを離れていられる。夜は、そのまま酒の席へ出向く。編集者と話が盛り上がり、次回作のいい企画が生まれた。

木曜▼午前、午後にわたって執筆。

金曜▼明日は早朝からヨットで外洋へ出る、という楽しみが待っている。そのエネルギーが反映されて、猛烈な集中力と瞬発力で仕事がはかどる。家族全員がそろい、ゆったりと夕食。明日のクルージングを思い描きながら、いい気分で就寝。

土曜▼クルージングはいつも必ず、私をリフレッシュさせ、楽しませ、発見させ、豊かな心にしてくれる。ともにヨットを操る年下の仲間たちからも、「先生がいつもいちばん元気だ」と言われる。太陽の下で、ビールがさらにおいしい。

日曜▼ヨット仲間に加え、ハーレーダビッドソンのツーリング仲間が遊びにやってくる。さらに狩猟仲間たちも加わり、実にワイルドで心やさしき男たちの一団のできあがりだ。蝦夷鹿のいいものが手に入ったので、男の手料理を食卓いっぱいに並べて宴会をはじめる。

言葉は上手に使うほど増えていく財産だ

世界中に約三千種類もの言語がある、とされています。最も人口の多い中国で使用されている言葉から、人口わずか数百人という一地域でのみ使用されている言葉まで、言語の種類も普遍化の度合いも実にさまざまです。世界に数ある言語のなかでも、日本語は複雑な言語体系の上位に数えられます。日本語は、漢字・ひらがな・カタカナという三つの表記法の連立、同音異義語、類義語、敬語の使い分けなど、すべてを習得するには大変な時間と努力を要します。また、微妙なニュアンスの違いを表現する、言葉のバリエーションも豊富です。たとえば、「雨が降っている」という自然現象を表すのに、大雨、長雨、天気雨、時雨、五月雨、鉄砲雨、しぶき雨、涙雨、氷雨など、日本語には六十通り近くもの表現があります。

これが英語やフランス語になるとぐっと減り、わずかに十種類以内でおさまってしまいます。自然や季節の移り変わりに敏感な日本人独特の心情は、こうした微妙な違いを言い表す表現方法や、語彙の豊富さによって培われたものです。

ありがたいことに、私たちは生まれた時から、この日本語という複雑な言語体系に親しみ、読む・書く・聞く・話すという能力を難なくマスターしています。その高度な言語使用能力により、意識内容を実に豊かなものにしています。

たとえば、言葉の使い方次第で、考え方やその時の気分を望むままにコントロールすることができます。

また、自分の気持ちにぴったりと合う言葉を見つけると、想像の世界がより豊かに広がっていきます。

言葉に親しみ、意識的に使うことで、より豊かな実りある人生を創造していくことができるのです。

言葉は、上手に使えば使うほど、どんどん増えていく財産です。

多くの人は、財産というと土地や家屋、銀行預金、有価証券などを思い浮かべるでしょう。だが、そうしたものには限りがあります。手放したとたん、簡単に消えてしまいます。また、いつ消えるか予測もできません。

それに比べ、言葉という財産は無限の可能性を持っています。使っても使っても減ることなく、何世代にもわたって継承していくことが可能です。

ところで、そのすばらしい言語表現にユーモア感覚を盛り込めるようになると、世界に通用する国際人として認められると、私は確信しています。

というのも、パーティでどんな会話をし、出席者の耳をどれだけ楽しませるか、自分の周囲にどれだけの人を集められるか、それが国際人として通用するかどうかのひとつの目安とされているからです。それにはユーモアセンスを磨かなければなりません。

しかし残念なことに、日本人は言語能力が非常に高いと評価されながらも、ユーモア感覚に乏しいとされているのです。

これは、世界のあちこちでの私の経験からいっても、どうも本当のことのようです。日常の会話のなかにユーモアあふれるジョークが少なく、ジョークを言ってみても相手に通じないことはしばしばです。

けれど、『古事記』『日本書紀』『万葉集』などの古典文学に親しんでみると、随所に上質の笑いやユーモアを発見して、嬉しくなります。

後に無数の江戸小咄を生むことになる『戯言養気集』『きのふはけふの物語』『醒睡笑』なども、まことにユニークなジョーク集です。欧米や中国のジョークと比べても、質・量ともまったく遜色ありません。

ユーモアとは、単におかしさや面白さを表すだけのものではありません。その人間性が自ずと伝わってくるような、温かい精神性あふれる表現こそ、真のユーモアと呼ばれるものです。

私たち日本人が本来持っているはずのユーモア感覚を、現代的に、上手に表現していきたいものです。あふれるユーモアで心をつなぎ、心から会話を楽しみたいと思いませんか。

それにはまず、楽天的で楽しい言葉の数々を、豊富にストックすることです。ユーモラスな会話ができるということは、人の心を解きほぐし、明るくするような言葉を自在に使いこなせるということです。

そして、日常生活のなかで、いかなる事態が起きようとも、自分を客観視できる余裕を持つことです。感情のおもむくままに泣いたり、騒いだり、怒ったりばかりでは、ユーモアは決して育ちません。

どんな場合も、第一声は「これで良かった」、この楽天的で前向きな心的態度が、人間性に富む愉快なユーモア感覚を養ってくれます。

また、相当量の読書や、見聞を広めて幅広い教養を身につける必要もあります。ユーモアセンスを磨くには、勉強と経験の両方が求められるのです。

一日一回、声に出して読む

人が発する言葉は、その人が考えている以上に強く人生に影響を及ぼします。

この真理の発見によって宗教が生まれ、普遍化していった、というのが私の認識です。

専修念仏の大切さを説いた法然は『選択本願念仏集』のなかで、「下賤のものも無知のものも念仏を唱えることで均しく救われる」という考えを述べています。

これを私なりの言葉で表現するなら、「願いをたえず念じながら口にすることで、誰もがその望みを達成できる」となります。

キリスト教も、日本の名僧たちと同じようなことを説いています。「願い事があるなら神に祈りなさい。その願いが神に届くまで」と。そして「神いずこにありや」と問うと、「神は汝のうちにある」と答えています。

宗教家たちはいずれも言霊の神秘を知り、その力を活かす方法に精通していました。これによって多くの信者が集まり、宗教の教えとして広く受け入れられていったのです。

祈りや念仏を「成功キーワード」と置き換えて考えると、わかりやすくなります。成功キーワードとは、幸福のプログラムの基礎を支える言葉です。自己像の変革、夢や望みの実現、人生における大きな目標の達成など、すべての計画の出発点です。

「私は美人」
「お金に縁がある」
「家族を大切に思い、みんなにも愛されている」
「とても運がいい」
「いい仕事に恵まれ、どんどん成果を上げていく」
「人生は良くなるいっぽうだ」
「最高の一日だぞ、いい予感がする」

というように、自分なりの成功キーワードを持ち、口ぐせにしていると、言葉通りの現実が開けてきます。自動目的達成装置がＯＮになり、オートパイロットが働くからです。

複数の成功キーワードをつなげて文章化し、声に出して読む習慣をつけると、さらにその効果は高まります。

私は十数年前、とても辛い時期がありました。そこで私なりの成功キーワードを使って「幸福になるセンテンス」をつくり、朗読をはじめたのです。私の人生が大きく変わり、何もかもうまくいくようになったのも、このセンテンスを唱えるようになってからです。

「私の広大無辺の潜在意識は神の一部であります。神、それは無限の知性であり、英知であり、大宇宙の英知であります。心の平和、富、財、金、繁栄、真の健康、名声は神の象徴であります。私は神の導きにより、心の平和、富、財、金、繁栄、そして真の健康、名声を得ております。神に感謝します」

これが、私が十数年毎日欠かさず唱えてきたセンテンスです。明るさや快活さ、楽天的な性向はすでに身についているものなので、その点を求める言葉は入っていません。

もしあなたが、明るく、快活、楽天的、社会的な自己像をつくり上げたいと望むなら、私のフォーマットをベースにして、こんなセンテンスもつくれます。

「私の広大無辺の潜在意識は神の一部であります。神、それは無限の知性であり、英知であり、大宇宙の英知であります。明朗快活、愛に満ちた知性、創造力は神の象徴であります。私は神から愛に満ちた知性、創造力、そしてみんなに愛される明朗快活な性格を授けていただいています。私は神に感謝し、関わりのあるみなさんに神の愛と祝福を送ります」

と、自分の願いや望みを言葉に託し、自己実現を念じながら唱えていくのです。

はじめは、紙に書いた文章を見ながらで結構です。さほど時間をかけずに暗唱できるようになります。ゆっくりと、はっきりと、声に出して唱えていきます。一日に数回できるといちばん良いのですが、何回かは軽く目を閉じ、心のなかで読むのも良いでしょう。

習慣化するにしたがい、さまざまな良い変化が起きてきます。心にゆとりが生まれ、体も丈夫になります。脳や全身の細胞が活性化し、心身ともに快適でベストな状態に導かれるからです。そして、何度も言うように、言葉の通りの望ましい人生が開けてきます。

脳の自動目的達成装置すなわちオートパイロットをＯＮ！

発現遺伝子や勝ち組遺伝子をＯＮ！

これが究極の幸福のプログラムです。

人生は常に「はじめに言葉ありき」です。愛する異性に「私はあなたを愛します」と言い切った時、愛は強い確信となって意識に定着します。恋人同士がこの言葉を求め合うのは、心に対する愛情の刻印を要求するからです。

良い言葉が良い考えをつくり、良い人生を実現していきます。

口ぐせの原理を理解し、日常に応用する方法を体得したみなさんにとって、今後の人生はますます幸福で充実したものになっていくでしょう。

誰もがさらに幸せになれるよう、愛と感謝と希望に満ちたすばらしい人生を実現されますよう、願っています。

あとがき

口ぐせの効果は、言った瞬間からたちどころに現れてきます。

「よし、やるぞ」

「大丈夫だ、きっとできる」

と口にしたとたん、それまでの沈滞ムードなどどこかに吹き飛んでしまいます。

そして、心も体もいきいきとして、何事も驚くほどスムーズに運ぶようになります。

やがて、あなたを見る周囲の目も変わっていきます。

これらが積み重なって、人生における成功や失敗が左右されていくのです。

だから誰に遠慮することなく、自分にとって心地良いと感じられる、良い言葉をどんどん使ってみてください。

「今日も一日よく頑張った」

「私は何てツイているんだろう」

「まだ何歳だ、これからもやりたいことがたくさんある」

こうした言葉をスラスラと感情を込めて、常に口にできるようになると、毎日が楽しくてたまらないものになっていきます。良い口ぐせの習慣が、良い人生を切り開いていくのです。

私の古くからの友人で、かつて「貧乏ひまなし」を口ぐせにしていた男がいます。実際にいつ見ても忙しそうで、それだけ仕事が順調にいっていた証拠です。

ところが彼は、忙しいばかりで金がたまらない、金が自分を素通りしていくようだ、と冗談まじりに話すのが口ぐせになっていたのです。

そこで私は、「〝貧乏ひまなし〟という代わりに、〝退屈知らずのお金持ち〟と言ってみてはどうか」と提案してみたことがあります。

「いつも忙しく仕事をしていたい、そしてもっとお金と仲良くしたい」という彼の気持ちをくみ、それを口ぐせにしてもらいたいと考えたからです。

はじめは彼も嫌々という雰囲気でしたが、口にしてみると案外いい響きだということになりました。

そのうちに彼自身もすっかりそれが気に入り、「お忙しそうですね」と人に言われるたび、「そうなんですよ、退屈知らずのお金持ちというやつで、本当にありがたいと思っています」と答えるようになったのです。

これは絶大な効果をもたらしました。今では、仕事、趣味、財産、すべてが人もうらやむような充実ぶりです。

人は彼のことを資産家のせがれだと思っています。しかし、そうではありません。恵まれた生活や夢が実現したのは、この本で紹介した言葉の法則、「自分を変える魔法の口ぐせ」の力を使ってきたからです。

継続は力なり、という言葉があります。

口ぐせの威力も、習慣として長く続けていくことでいっそう高まります。

はじめのうちは、本書で紹介している言葉やフレーズをそのまま応用していただくのが良いでしょう。実際に声に出して読み、日常のさまざまな場面で口にしてみてください。

そのうちに、あなたにとってさらに言いやすい言葉や言い回しが自然と見つかってくるはずです。

それを、まさに日常の口ぐせとして、いつも口にしてください。何度も口にするほど、言った通りに現実は動いていきます。

また、ふとした瞬間に頭に浮かんだすばらしい言葉や、読書で得た感動的な言葉などを覚えておいて、口ぐせのリストに加えていくのもお勧めの方法です。

私も、自分だけの辞書をつくるような気持ちで、膨大な言葉のストックをしてきました。それを脳のなかに蓄えておいて、必要な時に最も効果的と思われるひとことを取り出して使うのです。

さらに、口ぐせの効果について、積極的に周囲の人々に語っていくことも、ぜひお勧めします。

なぜなら、言葉の御利益を一身に受けるのは、それを口にしたあなた自身にほかならないからです。

「良い言葉を使うと、気分も人生も良くなっていく」

「人を美人だとほめると、自分自身がきれいになれる」

「言葉の使い方次第で、もっともっとお金持ちになれる」

そのことを本気で信じ、人にもどんどん語れるようになると、口ぐせ人生の上級者です。あなたの限りない幸福と繁栄を口ぐせで実現してください。

本書はそのための実践書です。

【特別付録】

夢がかなう幸せのレシピ

ここからはじまる特別付録は、使った人からみるみる人生が変わる「夢をかなえる幸せのレシピ」です。

本書で紹介した「口ぐせの原理と実践法」について、よりわかりやすくコンパクトにまとめてありますので、おさらいするつもりでもう一度、頭のなかに強くインプットしてください。

そして何度でも読み返し、必要なら持ち歩くなどして、自由自在に使いこなしてください。

お勧めの良い口ぐせ例も、さまざまな日常の場面に合わせて、多数紹介しています。脳を活性化する「快」のメッセージ、やる気の脳を刺激する言葉、脳に栄養を与える言葉、口に出したほうが断然良い言葉、経済スケールをアップする黄金の言葉、美人になれる言葉、家族・人間関係を良くする言葉、仕事や事業を成功に導く言葉、良い人生を選択する言葉、人生のハシゴを十段かけ昇る言葉、幸福になるセンテンスなどのつくり方です。

どれもシンプルで覚えやすい言葉ばかりです。実際に声に出して読み、自分なりの口ぐせにしていってください。

いつものちょっとした口ぐせを変えるだけで、気分や体調が驚くほど快適なものになっていきます。

人間関係が好転し、これまでの悩みが嘘のように吹き飛んでしまいます。次々と夢がかない、望み通りの充実した人生を手に入れることができます。

そんなまるでミラクルのような、魔法のような出来事を、あなた自身で体験していただくための幸せのレシピです。

ひとりでも多くの方が夢や望みを実現し、より大きな幸せを手に入れられますよう、心から祈っています。

口ぐせの原理①

言葉が考えをつくり、人生を支配する

◎人間は言葉によって考え、意識や思考を形成している。

◎意識的に言葉を使うと、気分・意識・考えをコントロールできるようになる。

◎言葉の使い方の癖（言語習慣）を変えよう。物事の受けとめ方や考え方の癖（思考習慣）も、良い方向へと転換を図れるものである。

口ぐせの原理②
脳は発せられた言葉のすべてに忠実に反応する

◎脳の自律神経系は、言葉として発せられたことはすべて真実と受けとめる。それが過去や未来のことであっても、現在形で体の反応を引き起こす。

◎否定的な言葉で不安や心配を語るのはやめよう。体にストレスがたまり、言葉通りの望ましくない現実を招くからだ。

◎常に肯定的な言葉を選び、使っていこう。肯定的な言葉や意識は自律神経系を活性化し、心身ともに快調を保つ源となる。

口ぐせの原理③

新しい自己像の確立が幸福のプログラムとなる

◎自分はこんな人間であるという思い込みが現在のあなたをつくっている。

◎金銭観、仕事観、異性観、恋愛・結婚観、年齢・寿命観も自己像の一部である。そうしたすべては、思い描いた通りに現実化していくことを肝に銘じよう。

◎なりたい自分、こうありたいと思う自分のイメージを具体的な言葉にしていこう。より望ましい、新たな自己像を確立できる。

口ぐせの原理④

人間の体には夢を実現させる仕組みが備わっている

◎夢や希望を実現するために、脳内の自動目的達成装置に情報をインプットしよう。そのいちばんの方法は、夢や希望をリアルに視覚化して思い描く「想像体験」である。

◎頭で想像するだけでなく具体的な言葉にすることで、脳がメッセージの内容を受け取りやすくなり、自動目的達成装置を最高の状態に持っていくことができる。

◎オートパイロット（自動操縦装置）のスイッチがＯＮになったら、後悔や迷いの言葉は絶対に禁物だと心得ておこう。

口ぐせの原理⑤

楽天思考により、スケールの大きい人生を築いていこう

◎楽天思考の法則①

自分に起きることは、いかなることも自分にプラスになることである。

◎楽天思考の法則②

自分に起きることは、いかなることでも自分で解決できることである。自分に解決できないことは、自分には起きない。

◎楽天思考の法則③

自分に起きた問題の解決策は、思いがけない方角からやってくる。だから、今お手上げ状態でも決してめげてはならない。

口ぐせの原理⑥
制限遺伝子を取り払い、勝ち組遺伝子をONにしよう

◎人類五百万年の進化によって獲得された高い能力はすべて、遺伝子情報としてヒト遺伝子のなかに組み込まれ、私たち各人に受け継がれている。

◎そうした「勝ち組遺伝子」を最大限に発現させよう。潜在的に秘められているすぐれた能力、才能、健康や長寿まで、ありとあらゆる望ましい資質が現れてくる。

◎肯定的で楽天的な言葉の威力が、「勝ち組遺伝子」をＯＮにする。また、夢の実現を妨害する「制限遺伝子」をＯＦＦにすることもできる。

口ぐせの実践

脳を活性化する「快」のメッセージ

「これで良かった」
「大丈夫だ」
「これも自分にプラスになることだ」
「何、なんとかなるさ」
「私ならきっとできる」
「さあ、頑張ろう」
「必ずできる、とにかくやってみよう」
「私に解決できないことは、私には起きない」
「問題の解決策は、思いがけないところにあるはずだ」
「いい勉強になった、これから必ず運が良くなる」

やる気の脳を刺激する言葉

「いいねえ」
「やったぞ」
「その調子だ」
「よしっ、いいぞ」
「今日も一日すばらしい日になるぞ」
「私の人生は良くなるいっぽうだ」
「未来はどんどん開けていく」
「楽しいこと、嬉しいことがたくさんあった」
「恋も仕事も順調だ」

脳に栄養を与える言葉

「ありがとう」
「とても嬉しい」
「今とても幸せだ」
「私はとても愛されている」
「私は大事に思われている」
「周囲のみんなに慕われ、尊敬され、頼りにされている」
「人生はすばらしい、毎日が楽しくてたまらない」
「大きな望みを達成するのは、やりがいがある」
「良いことは長続きする」
「私の夢は必ず実現する」
「どうしてこんなにスイスイ事が運ぶのだろう」

口に出したほうが断然良い言葉

「お父さん、お母さん、ありがとうございます」
「私は何て幸せなんだろう」
「手伝ってくれて、とても助かった」
「最高の一日だった、ありがとう」
「今とても幸せだ」
「私はツイている、人生は順風満帆だ」
「日一日と良くなっていく、明日が楽しみだ」

経済スケールをアップする黄金の言葉

「お金大好き」

「お金っていいものだ」

「私はお金と相性がいい」

「私はお金に縁がある」

「もっとお金と仲良くしたい」

「退屈知らずのお金持ち」

「財は脳内で築かれる」

「収入を増やして、どこまでも楽しもう」

「お金に余裕のある暮らしはいいものだ」

「すばらしい人生を設計するために、お金は必要なものだ」

「福沢諭吉先生、おはようございます。今日も一日よろしくおつきあいください」

「今は持ち合わせが足りないので、別の機会に」

美人になれる言葉（自分へのほめ言葉）

「私は美人」
「可愛いなあ」
「いいセンいってるいい女」
「魅力あるでしょ」
「個性的でとっても気に入ってる」
「キュートな顔だち」
「洗練されたいい女」
「背がスラッとしてスタイルも抜群」
「小柄で可愛い」
「私は誰からも好かれる」

美人になれる言葉（女性に対してのほめ言葉）

「あなたって、いつ見てもきれいね」

「今日は一段と輝いてる」

「若々しいし、すごくセンスがいいのね」

「上品なセクシーさがある」

「身のこなしがスポーティでカッコいい」

「いきいきしてる」

「ナチュラルでヘルシーな魅力を感じさせる」

「そのドレス、とってもエレガント。あなたによく似合ってるわ」

（男性に対してのほめ言葉）

「ひきしまった表情が素敵」
「仕事ができそう」
「ユーモアのセンスがある」
「渋い大人の魅力がある」
「笑顔が少年みたい」
「きっと愛妻家ね、すごくやさしくて包容力がある」
「誠実さがにじみ出ている」
「スーツもカジュアルウェアも何でも着こなす」

家族・人間関係を良くする言葉

「お前は私の宝物」
「可愛いね、いい子だね」
「将来すごい美人になるよ」

「うちの家族はみんないい」
「我が家は最高だ」
「お母さんの味、大好き」

「美人に生んでくれて、ありがとう」
「家族を大切に思い、みんなにも愛されている」
「お父さん、お母さん、ありがとうございます」

「手伝ってくれて、どうもありがとう」

「忙しいのに、良くやってくれている」

「誰々さんが、こう言ってほめていたよ」


「私の大好きないちばんの親友です」

「最高にいい人ね、私も好きだわ」

「最高の一日だった、ありがとう」


「人間って素敵よね。素敵な恋ができるから」

「人を好きになると、愛の力で強くなれる」

「夫こそ最愛の人、そして永遠の恋人」

家族・人間関係を良くする言葉

「お仕事、きっとうまくいくわよ」

「疲れたら休むといいわ」

「あなたって面白い人ね」

「結婚できて本当によかった」

「今夜は早く帰ってきてね、御馳走をつくるから」

「家庭は何より大事なもの」

「家族がいてくれるから頑張れる」

「神経質じゃないところが好き」

「あれでなかなか話のツボをおさえている」

「ふだん穏やかな人が怒るのだから、よほどのことだ。気をつけよう」

「浮気なんてありえない」

「いつか必ず大成する」

仕事や事業を成功に導く言葉

「難しいかもしれないが、とにかくやってみよう」

「ここがちょっと残念だった、もっと良くなるはずだから頑張れ」

「我々ならできる。必ずいい結果を出せるから前向きに取り組もう」

「会社に入るのも何かの縁だ。プラスになることがきっと待っている」

「仕事は自分を成長させるための媒体、人との出会いや出来事を楽しみながら経済力をつけていくものだ」

「好きな仕事ができるのは何よりの幸せだ」

「いい仲間、いい取引先に恵まれて本当に感謝している」

「いい仕事に恵まれ、どんどん成果を上げていく」

「さらに大きな仕事が舞い込み、大きな発展につながっていく」

「自分とともに周囲の人もさらに幸せになっていける」

仕事や事業を成功に導く言葉

「そのアイデア、すごくいいねえ」

「これなら必ずうまくいくね」

「大成功間違いなしだ」

「大きな発展のチャンスだ」

「私に任せてください」

「いい仕事をしよう！」

「一生懸命に仕事をして、お金を得て、長年の夢を実現させよう」

「仕事は人生における大きな愉しみ、喜びのひとつだ」

「大きな目標を達成するのは実にやりがいがある」

「自分が興味を持つことや、学んできたことを生かせる仕事で成功しよう」

「健康で長生きする成功者はみな楽天家である」

「彼はビジネスセンスが抜群だ。今後の活躍に期待している」

「上司は頼りがいのある先輩、部下は自分を支えてくれるありがたい存在」

「自分の価値は、会社での地位や順位などでは決まらない」

「今は経済的に未熟だが、これからどんどん豊かになっていく」

「私は、技術という才能を買われて現在の会社にいる」

「社内でのポジションは、実力や人望だけでなく運によっても決まる」

「運をつかむのも才覚のうちだ」

「誰かに聞いてもらうことで、本当に実現できるのだという気持ちになれる」

「目標達成した時の喜びを言葉にすると、さらにやる気が起きてくる」

良い人生を選択する言葉

「私はこれが欲しい」
「これこそ私の望んでいたものだ」
「今とてもいい、未来はもっと良くなる」

人生のハシゴを十段かけ昇る言葉

「私は美人だし、経済的にもしっかりした素敵な男性と結婚する」

「きっとこの仕事は成功する。車もワンランク上のものに買い替えよう」

幸福になるセンテンスのつくり方（一例）

「私の広大無辺の潜在意識は神の一部であります。神、それは無限の知性であり、英知であり、大宇宙の英知であります。心の平和、富、財、金、繁栄、真の健康、名声は神の象徴であります。私は神の導きにより、心の平和、富、財、金、繁栄、そして真の健康、名声を得ております。神に感謝します」

口ぐせリストを作成しよう

朝、目覚めた時の第一声は？
鏡のなかの自分に向かってのひとことは？

仕事がうまくいった時は？
うまくいかなかった時は？
仕事を終えてホッとひと息つく時は？
明日もまた頑張ろうという気持ちを表す言葉は？

電話の応対は？
家族との会話でよく使う言葉は？
友人や知人との会話は？

恋人とデートしている時に言う言葉は？
久しぶりに会った人に対しては？
苦手な人に対しては？

気分のいい時は？
気分の悪い時は？
カッとなった時や、喧嘩の際につい出てしまう言葉は？
お風呂につかっている時は？
夜のリラックスタイムは？
一日に何回「ありがとう」と言っている？

肯定語と否定語の割合は？

新しい自己像を確立しよう

望ましい容姿は？
望ましい性格は？
得意なことは？
苦手なことは？
望ましい家族との関係は？
望ましい友人との関係は？

望ましい仕事は？
望ましい経済レベルは？
愛している人は誰？
愛してくれている人は誰？

欲しいもの
やってみたいこと
将来の夢や望み
人生で達成したい目的・目標

想像体験で夢や目標を自動目的達成装置にインプットしよう

こうありたいと思う自分の姿を具体的に思い描く
やってみたいことを思い描く／いつ、どこで、誰と、どんな風に
欲しいものを思い描く／どんな形、大きさ、デザイン、手ざわり
理想の恋愛相手を思い描く
理想の結婚生活のイメージを思い描く
実現させたい仕事を思い描く
人生で達成したい目標を思い描く

「未来日記」を現在形で書こう

理想的な一日の過ごし方
理想的な一週間の過ごし方
理想的な一カ月の過ごし方
理想的な一年間の過ごし方
理想的な記念日やお誕生日など特別な一日の過ごし方

【著者紹介】
佐藤　富雄（さとう・とみお）

◉——1932年、北海道北見市出身。早稲田大学、東京農業大学卒業。医学博士、理学博士、農学博士。経営学修士。外資系企業などの勤務を経て、米国ユニオン大学健康科学研究所教授、同所長を務める。現在Patent University of America（カルフォルニア）学長、早稲田大学エクステンションセンター講師。中国首都医科大学および同大学付属同仁医院名誉教授。エッセイスト、写真家。

◉——ライフワークは早大在学中より研究の「口ぐせの心理学・生理学」で、日本語の独自性と大脳・自律神経系の連関を究明、世界唯一の実践成功科学として確立する。全国各地での講演も数多い。

◉——著者の経営指導、講座受講により目覚ましい業績向上や営業実績を上げている大手企業をはじめとして、中堅企業、有力事業主、個人などから永年にわたって熱烈な支持をうけている。

◉——著書「あなたが変わる『口ぐせ』の魔術」（かんき出版）がベストセラーになる。ほかに「百歳、百人、百様の知恵」（実業之日本社）、「積極人間は早死にする」（中経出版）、「女ざかり・男ざかりを愉しむ」（ＰＨＰ）、「ツキを呼び込む成功法則」（オーエス出版社）など三十数冊がある。

〈連絡先（東京事務所）〉
ヒューマンギネス倶楽部　http://www.hg-club.jp
〒150-0012　東京都渋谷区広尾5-25-8-202
電話　03(3473)6237　FAX　03(5449)3682
E-mail　tomio@hg-club.jp

自分《じぶん》を変《か》える魔法《まほう》の「口《くち》ぐせ」　〈検印廃止〉

2003年3月25日　第1刷発行
2003年4月25日　第4刷発行

著者——佐藤　富雄©
発行者——境　健一郎
発行所——株式会社かんき出版
東京都千代田区麹町4-1-4西脇ビル　〒102-0083
電話　営業部：03(3262)8011㈹　総務部：03(3262)8015㈹
編集部：03(3262)8012㈹
FAX　03(3234)4421　振替　00100-2-62304
http://www.kanki-pub.co.jp/

編集協力—有限会社ハギジン出版
東京都港区新橋6-11-3アーバン新橋ビル　〒105-0004
電話　03(5401)3386　FAX　03(5401)3387

印刷所——ベクトル印刷株式会社

乱丁本・落丁本は小社にてお取り替え致します。

ISBN4-7612-6077-7　C0011